高等学校教育技术学专业精品教材

Design and Learning

设计与学习

黄荣怀

刘德建

陈 鹏

编著

北京师范大学出版集团
BEIJING NORMAL UNIVERSITY PUBLISHING GROUP
北京师范大学出版社

图书在版编目(CIP)数据

设计与学习/黄荣怀,刘德建,陈鹏编著. —北京:北京师范大学出版社,2023.12

(高等学校教育技术学专业精品教材)

ISBN 978-7-303-29338-4

Ⅰ.①设… Ⅱ.①黄… ②刘… ③陈… Ⅲ.①教育学—高等学校—教材 Ⅳ.①G40

中国国家版本馆 CIP 数据核字(2023)第 136429 号

图 书 意 见 反 馈 gaozhifk@bnupg.com 010-58805079
营 销 中 心 电 话 010-58802755 58800035
北师大出版社教师教育分社微信公众号 **京师教师教育**

SHEJI YU XUEXI

出版发行:北京师范大学出版社 www.bnupg.com
北京市西城区新街口外大街 12-3 号
邮政编码:100088

印　　刷:天津旭非印刷有限公司
经　　销:全国新华书店
开　　本:787 mm×1092 mm　1/16
印　　张:15
字　　数:230 千字
版　　次:2023 年 12 月第 1 版
印　　次:2023 年 12 月第 1 次印刷
定　　价:56.00 元

策划编辑:王剑虹　　　　　责任编辑:李锋娟
美术编辑:焦　丽　　　　　装帧设计:焦　丽
责任校对:陈　荟　　　　　责任印制:陈　涛　赵　龙

前　言

　　新一轮科技革命正在影响人类的生活、工作和学习，也对人才培养提出了新的需求。联合国教科文组织于 2019 年成立了国际教育未来委员会，并发起了一项倡议，即"教育的未来"（Futures of Education），旨在重新思考教育，重新思考知识和学习如何塑造人类和世界的未来。设计思维整合了设计、工程、商业等领域的专业知识，在多个领域已经得到应用，效果显著。同样，设计思维也可以为教育创新与发展提供新的思路，变革传统的教育教学方法，重塑教学环境，再造教育教学流程，助力培养适应未来的创新型人才。

　　早在 2015 年，我和刘德建博士就对把设计思维引入教育领域产生了共鸣。我多年来一直关注互联网教育的发展，也有一系列的研究成果，而刘德建博士开发了不少受欢迎的互联网教育产品，从实践中总结出了适合互联网的产品设计理论——DJ 设计方法论。因此，我们在创办北京师范大学智慧学习研究院的时候就设立了"设计与学习实验室"，专门研究青少年设计思维，探索创新思维的特征和形成规律，开发相应的课程和教材，并联合国内外的知名高校和设计机构共同探讨、总结设计改变学习的方法和途径。

　　2016 年，我和刘德建博士访问斯坦福大学设计学院

(The Hasso Plattner Institute of Design at Stanford University，d. School），与具有 40 多年历史的 ME310 课程的负责人赖瑞·莱弗(Larry Leifer)教授见面。在深入交流之后，我们决定合作，由刘德建博士出资，从北京师范大学遴选优秀的研究生参与 ME310 课程。我们提出了设计"未来教室"的目标，希望 ME310 课程的参与者为未来学习者设计友好、舒适、智慧的学习环境，打造极致的学习体验。通过一系列的遴选活动，5 位研究生脱颖而出，参与了持续 9 个月的 ME310 线上线下课程，其间赴美两次。他们与斯坦福大学的学生组建团队，按照 d. School 的创新设计思维方法，设计出一款面向英语课堂的协作学习机器人原型作品——TEAMO，该作品在斯坦福大学设计学院组织的 ME310 Exp 活动中受到了欢迎。在这个过程中，我们对 ME310 课程的模式有了更深刻的认识，也将相关的经验迁移到"设计与学习"课程中。

除了借鉴国际经验，刘德建博士也在不断优化设计理论。2017 年年初，刘德建博士在哈佛大学教育学院开设"设计方法论"主题课程 (Next Generation Design：Methods and Heuristics)，与克里斯·德迪 (Chris Dede)教授一起为 50 多位研究生上课。学生们学习"DJ设计方法论"(原始需求分析、目标用户分析、干系人分析、情境分析、竞品分析、功能列表)，以"游戏设计"为主题开发一款交互产品，并在课堂上展示。这门课程实践让从游戏设计和互联网教育产品设计中沉淀出来的方法论更适用于高等教育，可帮助学生通过系统的方法论去思考设计、思考产品、重新认识学习。

　　基于与斯坦福大学和哈佛大学合作中所获得的经验，2017 年 9 月，我和刘德建博士在北京师范大学开设了面向研究生的专业选修课"设计与学习"。在这门课上，我们做了很多新的尝试：在内容上，从宏观的科教融合到微观的国内外最新的案例，从国际成熟的设计思维模型到"DJ 设计方法论"，不仅启发学生思考未来教育，更重要的是让学生发现身边真实的教育问题，并寻找解决方案；在形式上，课程采用"基于项目的学习"方法，设定了"面向智能时代的教室设计"主题，并邀请了高校和企业的专家担任导师，指导 30 多位学生完成他们的设计作品。

　　2018 年，"设计与学习"课程面向全国高校开放，并邀请了高校和企业的专家参与授课。课程以线上线下相结合的方式，从本地课堂延伸开来。同年，为进一步丰富课程形态，扩大课程辐射范围，在更广阔的平台上引导学生应用设计思维解决教育问题，我们策划和组织了"教育设计 48H 晋级赛"。围绕"家庭教育、科学教育和安全教育"的主题，50 多位学生汇聚在北京中关村互联网教育创新中心，以小组的形式展开 48 小时的设计角逐。大赛安排了教育界和设计界的导师全程指导，从设计方案到呈现方式，给予学生建议。

　　在智能时代的大背景下，设计有了更丰富的内涵，我们尝试从学习的角度更新了设计的定义："设计是人类有目的地将信息、知识、技术和创意转化为产品、作品和服务等创新实践活动而进行的意义表征。"我们针对设计思维在创客教育、STEAM 教育、学习环境设计中的应用做了比较多的研究，形成了一系列的研究成果；同时，围绕"创新设计与学习"召开了一系列的研讨会、开展了设计教育学术周等活动，与北京设计学会、清华大学美术学院、中央美术学院、中国科学院等单位的教育领域和设计领域专家，探讨创新人才培养的策略。

2020 年，新冠疫情暴发，全球十几亿学生无法回到校园，学习方式等发生了很大的变化，这让我们进一步意识到设计改变学习的重要性。在这个特别阶段，我们解读了疫情期间超大规模在线教育的特征，提出了"弹性学习"的理念，并研制了一系列指导手册，帮助老师更好地设计和组织在线学习，也帮助学生更好地进行自主学习。

基于这些经验，"设计与学习"课程的内容越来越成熟，形式越来越灵活，学生作品也越来越丰富。在由教育、设计、计算机、心理等领域的高校专家和企业专家组成的导师团队的指导下，参与课程和大赛的学生累计完成了几百个面向未来的教育解决方案，且有的已经申请了专利和软件著作权。通过该课程的学习，学生不仅了解到未来教育的特征、设计思维的流程与方法，而且学习了软件设计、用户体验、人工智能等多方面的知识，掌握了一些新型的技术和工具。调查显示，90％以上的学生对上课形式非常满意，他们表示在课程结束后，会将设计思维运用到自己的学习和生活中，来创造性地解决一系列问题。

我们已经欣喜地看到，该课程为传统高校课堂带来了五大改变：突破了大学课堂的空间边界，构建了多样化的新型教学时空，促进了共生的师生关系，增加了丰富灵活的教学互动形式，使知识生产方式由被动变为主动。

如今，每年开设一期"设计与学习"课程、每年举行一次全球未来教育设计大赛，成为固定活动。全球未来教育设计大赛设置了大学生和中小学教师两个赛道，邀请全世界的师生共同探索未来教育面临的挑战及其解决方案。我们希望通过课程和大赛，培养教育技术、科学教育及相关专业高年级本科生和研究生的教育创新设计能力，帮助他们掌握教育领域中创新设计的内涵、方法和手段，设计适应特定场景、符合教育教学规律的技术和产品，并探索人机协同条件下基于设计的学习。

这本《设计与学习》教材梳理了设计与学习领域的成熟理论和新研究成果，汇集了国内外的优秀案例。教材由团队编写完成，其中我和刘德建博士负责统筹规划、协调和统稿。第 1 章主要介绍了新一轮科技革命给人类社会尤其是教育带来的影响，由我和王欢欢编写；第 2 章主要介绍了设计思维的内涵和典型模型，由陈鹏编写；第 3 章主要介绍了 NCIP 设计的流程与协同设计，由刘德建博士和陈鹏编写；第 4 章主要介绍了教学设计与基于设计的学习，由陈鹏编写；第 5 章主要介绍了学习空间与学习方法的设计，由杨东和王倩编写；第 6 章主要介绍了设计在 STEAM 教育和创客教育中的应用，由汪超艺和邰红艳编写；第 7 章主要介绍了未来教育的内涵、主要特征以及相关的设计议题，由我和王欢欢编写。

感谢陈光巨老师、施建国老师、年智英、张定文、艾哈迈德·特利利(Ahmed Tlili)等为课程开设、大赛组织和相关的研究付出的努力，感谢武坤芳、王雯佳、黄江、费程、陈虹宇、成倩、万曼、李至晟、万青青、刘梦彧等做的工作，同时也要感谢网龙工业设计部彭俊杰和刘庆阳在本教材编排设计上的诸多帮助。

设计与学习是一个新兴的领域，目前还在发展中。我们期待有更多的同仁参与到这个领域的研究与教学之中。本教材的编写尚有不足，敬请广大读者批评指正。

黄荣怀

目　录

目 录

EDUCATIONAL REFORM DRIVEN BY SCIENTIFIC AND TECHNOLOGICAL REVOLUTION

科技革命驱动的教育变革

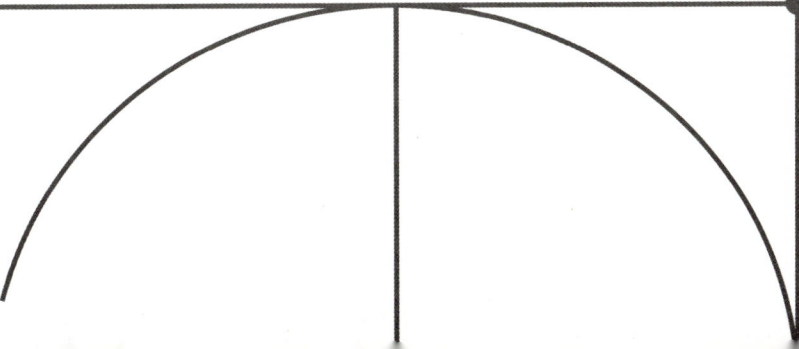

01

概　述

新一轮科技革命正在改变人们工作、生活、学习的方式和生存环境，推动着社会的深度变革和快速转型。培养能够适应未来发展的创新人才，是社会对教育发展变革的核心诉求。设计新一代学习环境、变革教学模式、创新教育体制……成为未来教育变革的核心抓手。这一切都要求人们前瞻性地了解新一代科技发展给未来教育带来的影响和挑战，理解未来世界的基本形态和特征，以及未来工作、学习、生活等方面的发展趋势。

本章主要介绍新一轮科技革命的内涵、特征和典型技术，以及新一轮科技革命对人类的生产方式、生存环境、职业形态、生活方式等方面的影响；在此背景下，进一步阐述新一轮科技革命对未来人才培养的需要，以及对教育教学设计的启示、要求和挑战。

内容结构

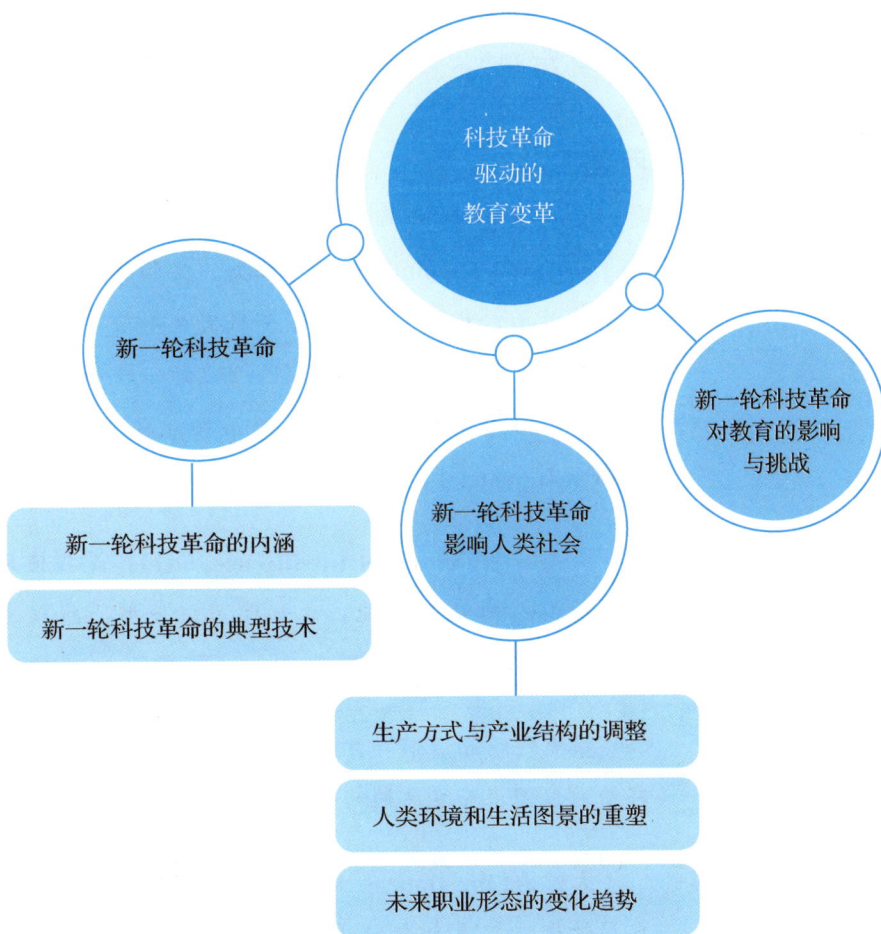

科技革命驱动的教育变革

新一轮科技革命

新一轮科技革命的内涵

新一轮科技革命的典型技术

新一轮科技革命影响人类社会

生产方式与产业结构的调整

人类环境和生活图景的重塑

未来职业形态的变化趋势

新一轮科技革命对教育的影响与挑战

学习目标

1. 能够阐述新一轮科技革命的内涵和特征，列举新一轮科技革命中出现的典型新技术。

2. 了解新一轮科技革命背景下技术对人类环境、生活和工作的影响。

3. 能够理解并分析新一轮科技革命对人才培养和教育教学的需要，列举并解释新技术背景下教育发展与变革面临的主要挑战。

读前反思

你关注了哪些最新的科学技术发展趋势？它们对当前社会发展的各个方面有哪些影响？

关键术语

新一轮科技革命 (A New Wave of Scientific and Technological Revolution)：大数据、生物技术、新材料技术、量子信息、人工智能等领域交叉融合，新兴重大颠覆性技术迎来新的发展浪潮，即"新一轮科技革命"，并带来了以"智能化"为特征的第四次工业革命（The Fourth Industrial Revolution）。

人工智能 (Artificial Intelligence，AI)：是指使用机器实现类人的认知功能，比如学习、理解、推理或者交互。

第五代移动通信技术 (5G)：是指面向 2020 年以后移动通信需求而发展的新一代移动通信技术。

大数据 (Big Data)：是指无法在可接受的有限时间内用软硬件工具和传统 IT 技术对其进行感知、获取、管理、处理和服务的数据集合。

云计算 (Cloud Computing)：属于一种分布式计算技术，该技术能够借助互联网处理数以千万或者亿计的数据信息，利用系统自动化程序指令将这些庞大的数据组分解成若干单元和子程序，经过准确分析、计算、整理后反馈给终端用户。

区块链（**Blockchain**）：是一种集合，包含去信任化、去中心化的分布式数据库、共识机制、密码学技术、智能合约。通俗意义上讲，区块链是一种在没有第三方中介参与的情况下能够实现集体维护、多方协作的、安全的、加密的分布式账本。

1.1　新一轮科技革命

学习目标

能够阐述新一轮科技革命的内涵和特征，列举新一轮科技革命中出现的典型新技术。

1.1.1　新一轮科技革命的内涵

以人工智能为代表的颠覆性技术正在全球蓬勃发展，掀起新一轮科技革命，给人类生产、生活与思维方式带来根本性、基础性、彻底性影响，继而推动产业的变革和社会的变化，推动人类社会迈向智能时代。[①] 科学革命指人类对世界客观规律的认识发生了具有划时代意义的飞跃，从而引起科学观念、科学模式以及科学研究活动方式的根本变革。它是人类认识领域的革命，是对科学理论体系的根本改造和科学思维方式的深刻变革，从而把人类对客观世界的认识提高到一个新水平。技术革命指的是人们改造世界方式的根本性变革，是引起社会生产力巨大发展并推动生产关系变革的世界性的

[①]　黄荣怀：《论科技与教育的系统性融合》，载《中国远程教育》，2022(7)。

技术突破。① 科技革命是科学革命和技术革命的统称，指引发科技范式、人类思维、生产和生活方式革命性转变的科技发展。历史上，每次科技革命都有力推动了产业的进步。蒸汽机等的发明和改进驱动了机器替代手工工具，工厂成为新的组织方式，带来了以"机械化"为特征的第一次工业革命；电力的规模化使用，使流水线生产方式开始出现，带来了以"电气化"为特征的第二次工业革命。随着计算机、微电子、航天技术的发展，一大批新型工业出现，第三产业迅速发展，带来了以"自动化"为特色的第三次工业革命。近年来，"信息技术、生物技术、新能源技术、新材料技术等交叉融合正在引发新一轮科技革命和产业变革"②，带来了以"智能化"为特征的第四次工业革命（The Fourth Industrial Revolution）。新一轮科技革命为人类社会发展带来新的机遇，得到了各界的广泛关注。

关于习近平总书记提出的"新一轮科技革命"，有专家总结了四个主要特征，即"把创新作为最大政策"、"以信息技术为核心"、各个技术领域的"交叉融合"、致力于解决"当时当地社会突出矛盾和问题"。③ 首先，在新一轮科技革命中，创新是最大的特征。为了迎接新一轮科技革命的挑战，我国政府提出要推动以科技创新为

---

① 冯昭奎：《科技革命发生了几次——学习习近平主席关于"新一轮科技革命"的论述》，载《世界经济与政治》，2017(2)。

② 习近平：《让工程科技造福人类、创造未来——在 2014 年国际工程科技大会上的主旨演讲》，载《人民日报》，2014-06-04。

③ 冯昭奎：《科技革命发生了几次——学习习近平主席关于"新一轮科技革命"的论述》，载《世界经济与政治》，2017(2)。

核心的全面创新，坚持企业在创新中的主体地位。其次，在新一轮科技革命中，"信息技术成为率先渗透到经济社会生活各领域的先导技术"[①]。机器人技术与云计算、大数据、移动互联网等新一代信息技术快速融合，人工智能迅速发展，3D 打印技术、机器人制造技术日益成熟，在性能提高的同时，降低了成本，无人机、自动驾驶汽车、家政服务机器人成为现实。再次，新一轮科技革命强调各个技术领域的交叉融合。从 3D 打印到精准医学，从新能源到新材料，从机器人到人工智能，新一轮科技革命涉及众多高科技领域，其中各个领域新技术突破不断发生，并相互促进，交叉融合。最后，新一轮科技革命以解决当时当地社会的突出矛盾和问题为导向，聚焦问题解决带来的现实影响，并致力于解决问题的实际成果。

1.1.2　新一轮科技革命的典型技术

新一轮科技革命的迅速发展离不开关键技术的支撑和驱动。习近平总书记将世界科技发展趋势概括为四个方面[②]：一是移动互联网、智能终端、大数据、云计算、高端芯片等新一代信息技术发展将带动众多产业变革和创新，二是围绕新能源、气候变化、空间、海洋开发的技术创新更加密集，三是绿色经济、低碳技术等新兴产业蓬勃兴起，四是生命科学、生物技术带动形成庞大的健康、现代农业、生物能源、生物制造、环保等产业。

[①]　习近平：《让工程科技造福人类、创造未来——在 2014 年国际工程科技大会上的主旨演讲》，载《人民日报》，2014-06-04。

[②]　中共中央文献研究室：《习近平关于科技创新论述摘编》，75 页，北京，中央文献出版社，2016。

在新一轮科技革命中，新一代信息技术率先渗透到其他各领域，是先导技术，主要包括：人工智能、第五代移动通信技术、大数据、云计算、区块链。

人工智能是指使用机器实现类人的认知功能，比如学习、理解、推理或者交互。人工智能在变革生产力方面具有巨大潜力，有助于解决全球范围内与健康、交通和环境等相关的挑战。[①] 人工智能根植于计算机技术，常常与音视频技术、IT 方法和医疗技术结合使用。诸多技术领域(如模式识别、图像分析、语音识别)常常与人工智能整合发展。生物建模算法等也显示出对人工智能越来越多的依赖。

第五代移动通信技术(5G)正在快速发展，并取得了突破。2020 年以后，5G 带来了广泛影响。5G 具有超高的频谱利用率和能效，在传输速率和资源利用率等方面较 4G 提高了一个量级或更高。在无线覆盖性能、传输时延、系统安全和用户体验方面，5G 拥有显著的优势，允许更多的设备以更快的速度、更加安全地连接在一起。[②] 随着 5G 的应用部署，全球已开启对下一代移动通信技术(6G)的探索研究。6G 将有可能实现信息突破时空限制、网络拉近万物距离，实现无缝融合的人与万物智慧互联。[③]

[①] OECD，*OECD Science，Technology and Industry Scoreboard 2017：The Digital Transformation*，OECD Publishing，Paris，2017，p. 22.

[②] 尤肖虎、潘志文、高西奇等：《5G 移动通信发展趋势与若干关键技术》，载《中国科学：信息科学》，2014(5)。

[③] 赵亚军、郁光辉、徐汉青：《6G 移动通信网络：愿景、挑战与关键技术》，载《中国科学：信息科学》，2019(8)。

　　大数据是指无法在可接受的有限时间内用软硬件工具和传统 IT 技术对其进行感知、获取、管理、处理和服务的数据集合。大数据有 4 个特点，即模态繁多、体量浩大、生成快速和价值巨大但密度很低。随着数据量的激增以及数据传输能力的增强，大数据的重要性更加突出。^① 上述特点也带来了处理大数据的各种技术挑战，为了应对这些挑战，我们需要重视以下关键问题：1)大数据新型表示法；2)大数据去冗降噪；3)大数据有效融合；4)高效率且低成本的数据存储；5)高效处理非结构化与半结构化的数据；6)大数据挖掘分析工具和开发环境与不同行业相适合；7)大幅减少数据处理、通信与存储的能耗。

　　云计算属于一种分布式计算技术，该技术能够借助互联网处理数以千万或者亿计的数据信息，利用系统自动化程序指令将这些庞大的数据组分解成若干单元和子程序，经过准确分析、计算、整理后反馈给终端用户，中间处理过程只需要耗费几秒钟的时间。云计算具有如下特点：1)弹性服务，服务的规模可快速伸缩；2)资源池化，资源以共享资源池的方式统一管理；3)按需服务，根据用户需求自动分配资源；4)服务计费，根据资源的使用情况对服务计费；5)泛在接入，可利用各种终端设备随时随地通过互联网访问服务。^② 云计算技术未来发展必将与互联网技术密切相连，而且数据中心网络的建设格局将更加完善，借助于云计算技术，计算机的

---

　　① 李国杰、程学旗：《大数据研究：未来科技及经济社会发展的重大战略领域——大数据的研究现状与科学思考》，载《中国科学院院刊》，2012(6)。

　　② 罗军舟、金嘉晖、宋爱波等：《云计算：体系架构与关键技术》，载《通信学报》，2011(7)。

大数据技术也必将在社会各个领域开花结果。

区块链是一种集合，包含去信任化、去中心化的分布式数据库、共识机制、密码学技术、智能合约。通俗意义上讲，区块链是一种在没有第三方中介参与的情况下能够实现集体维护、多方协作的、安全的、加密的分布式账本。区块链可以用于解决金融等相关领域的隐私问题、数据管理和信用危机问题等；能够实现信息共享、价值流动、资产可追踪、合约交互等重要功能。目前，区块链在实业界、IT 界以及学术界等领域掀起了相关研究与应用的热潮。它被认为是继大型机、个人电脑、互联网、移动/社交网络之后计算机范式的第五次颠覆式创新。[①]

1.2　新一轮科技革命影响人类社会

学习目标

了解新一轮科技革命背景下技术对人类环境、生活和工作的影响。

新一代技术互相交叉影响逐渐形成了一个整体性的技术生态，构成了目前世界的新基础设施[②]，并将影响未来世界的基本形态。千年项目(The Millennium Project)组织了未来学家、科学家、商业规划人员和政策制定人员等跨领域专家进行了为时三年多的研讨。他们预

---

① 袁勇、王飞跃：《区块链技术发展现状与展望》，载《自动化学报》，2016(4)。

② OECD，*Measuring the Digital Transformation：A Roadmap for the Future*，OECD Publishing，Paris，2019.

测，2050 年未来世界在工作和技术方面会出现一系列特征：第一，以政府企业联合、虚拟 3D、多极世界为标志，未来的商业决策模式将呈现出智能化和"傻瓜式"的特征，新技术可能被反常使用；第二，个别政府可能没有预测到人工智能技术的影响，没有采取应对措施，失业率将出现爆炸性增长，世界将呈现出政治和经济上的混乱；第三，将呈现出他人雇佣和自我雇佣的混合形态。

1.2.1　生产方式与产业结构的调整

新技术促进以物质生产、物质服务为主的经济发展模式向以信息生产、信息服务为主的经济发展模式转变，世界正在进入以信息产业为主导的新经济发展时期。[①] 伴随上述变革，人类的生产组织方式正在发生深刻的变化，其显著特征主要包括以下几个方面[②]：

互操作性(interoperability)。地域上分散的控制系统设备通过相关信息的数字交换，能够协调工作，实现一个共同目标，体现出互操作性。企业可以通过物联网(Internet of Things，IoT) 以及服务联网(Internet of Services，IoS)把人与信息物理系统(Cyber Physical System，CPS)连接到一起。在智能工厂中，互操作性意味着工厂中所有的信息物理系统，包括装配站、工件传输

---

①　习近平：《让工程科技造福人类、创造未来——在 2014 年国际工程科技大会上的主旨演讲》，载《人民日报》，2014-06-04。

②　杨进：《工业 4.0 对工作世界的影响和教育变革的呼唤》，载《教育研究》，2020(2)。

系统和产品，能够在网络、硬件、操作系统、数据库系统、数据格式、数据语义、应用软件等的支持保障下实现相互通信。

虚拟化（virtualization）。虚拟化意味着通过信息物理系统来实现对生产过程的监控。一系列传感器所收集的数据都与仿真模型和虚拟生产模型相联系，由此创建了一个与物理世界对应的虚拟世界。虚拟模型可以使人们获取所有必要的信息，如当前加工生产环节的运行情况、后续的一系列加工过程、对安全事宜的安排等，支持人们应对越来越复杂的技术问题。

去中心化（decentralization）。随着产品需求的逐渐增长，生产系统进行集中控制的难度不断加大。在此情况下，可以利用嵌入式计算机，让信息物理系统自动做出决策。为了保证生产过程和质量的可追溯性，需要随时跟踪并记录系统整体的运行情况。去中心化，尤其是权力下放，意味着无线射频识别标签会通知机器必要的加工程序，从而使集中的计划和控制不再被需要。

实时能力（real-time capability）。生产数据的及时获取和分析为优化生产过程提供了条件。智能工厂能够持续地跟踪和分析生产状况，及时优化生产过程。比如，基于工件实际位置，主动请求运输系统来拾取，可以明显缩短非生产性时间；通过传感器实时监测机器部件中的振动信号等，可以预测和安排机器的维护；一台机器出现问题，生产系统可以马上调整路径，把产品送给另一台机器加工。为了发挥好实时系统的潜力，需要选择合适的实时技术，并与生产过程的其他系统进行集成。

服务导向(service orientation)。一个生产机构可以通过服务联网利用另外一个机构提供服务，包括人员和信息物理系统。这种与服务相关的交换可以发生在机构内部或者机构之间。智能工厂的架构应该是服务导向的，即其信息物理系统可通过由网络提供的特定的加工服务，根据由无线射频识别标签提供的来自顾客的需求，规划产品加工的操作流程。

模块化(modularity)。模块化系统的优势是可以灵活替换不同的模块，并且还能扩展单个模块的功能。因此，这种系统可以方便灵活地根据季节性需求与资源等的波动或产品特点的改变对生产进行调整。根据"即插即用"的原则，智能工厂可以灵活添加新的功能模块。基于标准化的软件与硬件的接口，利用服务联网，加工系统能够自动识别和调用新添加的功能模块。

1.2.2　人类环境和生活图景的重塑

由于一系列新技术的出现，世界在以前的二元空间，即人类社会空间(Human Society Space)和物理空间(Physical Space)的基础上，正在形成一个新的空间——信息空间(Cyber Space)。三元空间中存在着大量数据，这些数据由物理世界发出，具有隐含的特征，可以绕过人类传播，这就证明有新的空间即信息空间诞生了，而信息空间是独立自主的空间。①

这个新空间改变了人类认识世界的方法，从此人类除了可以直接观察物理空间，还可以通过信息空间看到物理空间新的一面。潘云鹤院士提出，信息空间出现后，信息流发生巨大变化，新的信息流变化将带来认知的新变化，进而为所有的社会科学和工程科学提供新的研究方法、新的研究图景和新的研究通道。

未来，新技术将深刻改变人类社会与生活的诸多方面。人工智能可以利用来自物联网、云计算的反馈自行修改代码，人机交互也将变得更加智能；人们能够利用新技术开展自己的事业，并改善生活质量；众包、共享经济有助于社会资源的合理分配。与此同时，新技术的应用也带来一系列的问题，比如系统性风险、资源和服务接入的不公平问题，以及对人类社会原有结构和属性产生的威胁。新技术的应用会让系统更加复杂，可能带来更多的风险，使系统维护和法律实行增加难度；在贫困地区，技术依然不能完全代替人们的工作，本地社会经济问题得不到解决，会造成全球范围内经济活动和劳动力向富裕地区迁移，加剧技术鸿沟，从而引发不同国家之间的冲突局面；新技术的应用还可能引发隐私泄露、基因编辑等问题，从而带来安全和伦理方面的挑战。

---

① 潘云鹤：《人工智能 2.0 与教育的发展》，载《中国远程教育》，2018(5)。

1.2.3　未来职业形态的变化趋势

在新一轮科技革命背景下，新技术以及泛在的数字设备、联通性、软件和数据给生产组织方式带来了重大影响，也将改变未来工作的组织结构、内容和方式。OECD 在"技能展望 2019"（Skills Outlook 2019）中提出了一个描述工作任务变革趋势的框架。[①] 如图 1-1 所示，变化趋势是从（A）发展到（B）再到（C），新技术将越来越多地完成原来由人类完成的非常规型任务，而一些不涉及技术的常规型任务仍将由人类完成（如面对面的人际沟通）。在这样的趋势下，2050 年左右可能出现的新工作种类包括宇宙空间飞行员、数据侦探等。

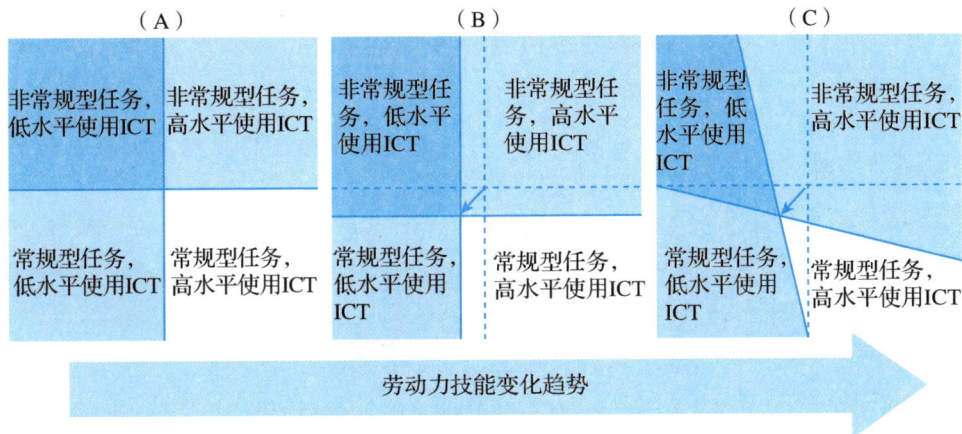

图 1-1　ICT 等新技术对未来工作任务的影响

---

① OECD，*OECD Skills Outlook 2019：Thriving in a Digital World*，OECD Publishing，Paris，2019.

OECD 进一步分析了新技术给职业带来的影响，并提出了一些建议。

1) 新技术将减少一些职业在经济中被需要的程度。部分只需要低水平就能胜任的岗位，可能会被机器接管。从事这些岗位的人，需要获取新的技能和知识，这就需要教育和政策方面具备相应的应对措施。

2) 新技术将改变一些职业的工作方式。在某些岗位中，工作方式会发生改变，技术可以替代或补充一部分任务。大多数从业人员将受此影响，因此需要调整自己的技能组合，以适应岗位的变化。

3) 新技术创造了新的职业。比如，一些新技术直接导致了一些新职业的出现(如大数据专家)；未来人们对生活和娱乐的偏好可能会改变，一些职业可能会兴盛(如健身教练)；在线平台的发展，可能带来自营职业的蓬勃发展。人们需要掌握相应的技能，从而在新的职业中获益。[1]

拓展阅读：

从业者应具备的十五项能力

世界经济论坛发布的《2020 年未来工作报告》[2]
(The Future of Jobs Report 2020)对目前 15 个经济

---

[1] OECD，*OECD Skills Outlook 2019*：*Thriving in a Digital World*，OECD Publishing，Paris，2019.

[2] World Economic Forum，The Future of Jobs Report 2020，2020.

体 10 个工业部门的大型雇主调研结果进行了归纳。主要结论是，预计到 2025 年，从业者应该具备的最重要的十五项能力，包括：分析思维与创新，主动学习和学习策略，复杂问题解决，批判性思维与分析，创意、独创性和主动性，领导力和社会影响力，技术使用，监测与控制，技术设计与编程，弹性、压力承受能力和灵活性，推理、解决问题和构想，情商，故障排除和用户体验，服务导向，系统分析与评估、说服和谈判。

1.3　新一轮科技革命对教育的影响与挑战

学习目标

能够理解并分析新一轮科技革命对人才培养和教育教学的需要，列举并解释新技术背景下教育发展与变革面临的主要挑战。

科技革命与教育变革是联动推进、交融共生的。科技与教育的融合性特征主要体现为科技与教育两大领域都在以主动的姿态向对方渗透，且呈现出深度融合的发展趋势(图 1-2)。① 从国家教育战略来看，《中国教育现代化 2035》将"加快信息化时代教育变革"作为十大战略任务之一。信息技术对教育发展具有革命性影响，是教

---

① 黄荣怀：《论科技与教育的系统性融合》，载《中国远程教育》，2022(7)。图 1-2 中的"教育"主要指"学校教育"。

育改革与发展的制高点和突破口。① 从个体核心素养来看，提升全民数字素养与技能是顺应数字时代要求、提高国民素质、促进人的全面发展的战略任务，也是科技与教育融合的直观表征。

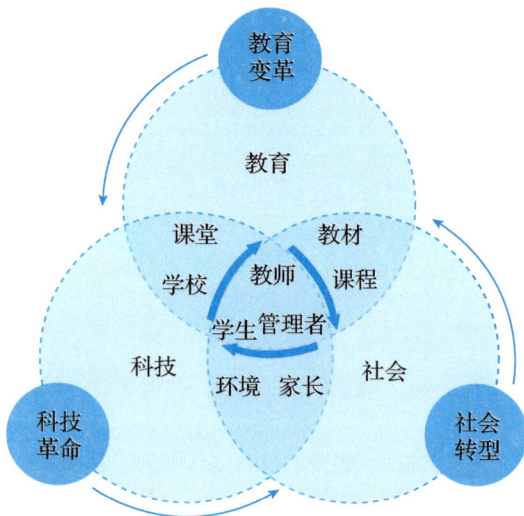

图 1-2　教育、社会与科技的双轮"互动—阻尼"关系图

在科技、社会和教育的相互作用下，未来人们工作、生活需要的核心素养会发生一系列变化，学习的内容和方式也将随之变化，并呈现出一定的趋势。由于工作的需求和职业的不断变化，从业人员需要掌握适合的技能组合才能成功过渡并驾驭未来的数字化工作世界，获得成长和成功。教育教学人员要充分意识到这种变化趋势，并采取措施从教育教学的多个维度设计和规划，帮助学习者做好胜任未来工作、学习和生活的准备。

---

① 何克抗：《论现代教育技术与教育深化改革（上）——关于 ME 命题的论证》，载《电化教育研究》，1999(1)。

OECD"教育 2030"(Education 2030)提出了面向 2030 年
的学习框架(图 1-3),以及一系列能够培养学生塑造未
来的"变革性素养",这些素养包含"创造价值"、"调解
矛盾和困境"和"承担责任"[①]。

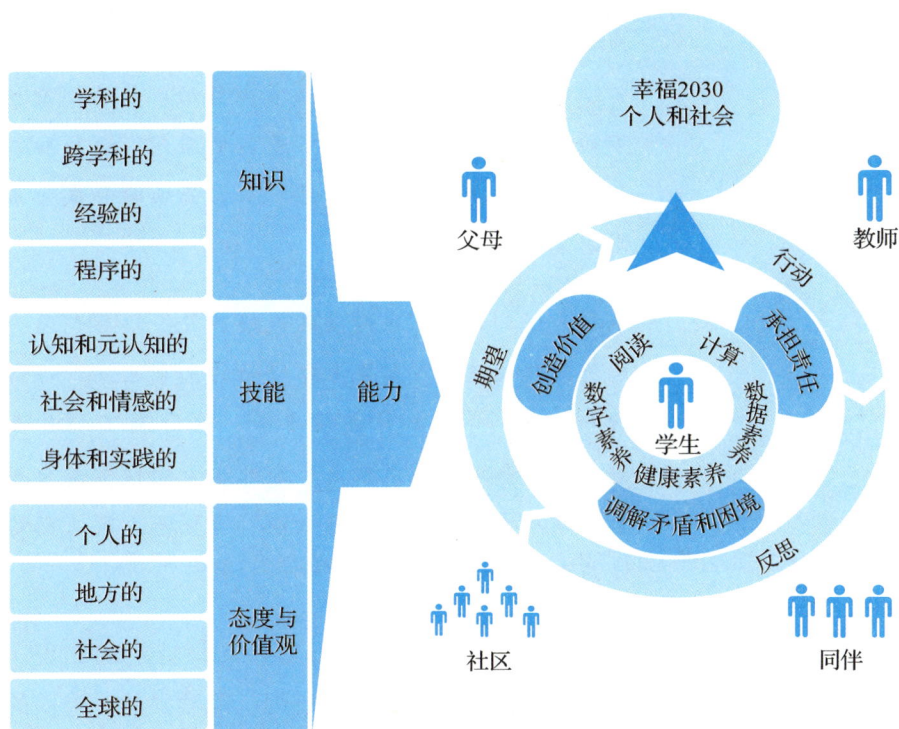

图 1-3 OECD 2030 学习框架

1)创造价值。人们应该能够创造性地思考,开发新产品
   和服务,设计新工作和方法,采用新的思维方式和生
   活方式,创造新的企业、新的部门、新的商业模式和
   社会模式。创新越来越不是源于个人的思维和独自工
   作,而是来自合作。利用现有知识来创造新知识,需

① OECD,The Future of Education and Skills:Education 2030,OECD Report,2018.

要人们具备适应性、创造力、好奇心和开放性等特征。

2) 调解矛盾和困境。人们应该能够应对紧张局势和两难困境，进行权衡取舍，如平衡公正与自由、自治与共同体、创新与延续性，以及效率和民主进程等。个人必须学会以更综合的方式思考和行动，并从短期和长期的角度考虑相互矛盾或不兼容的思想、逻辑和立场之间的相互联系。换句话说，人们必须学会成为系统思想家。

3) 承担责任。这是上述两项的先决条件。培养创造力和解决问题的能力，需要考虑行动的未来后果，评估风险和回报，并对工作成果负责。这代表了一种责任感、道德和理智的成熟度。这种能力的核心是自我调节，涉及自我控制、自我效能、责任感、解决问题和适应能力。

围绕上述素养，学生还需要具备特定的知识、技能、态度与价值观，比如学科的、跨学科的、经验的和程序的知识，有关认知和元认知、社会和情感、身体和实践的技能，以及有关个人、地方、社会和全球的态度与价值观。

要培养这些素养，具有关联的知识、技能、态度与价值观，需分析新技术给教育带来的影响，找到教育变革的设计原则，应对教育面临的挑战。根据联合国教科文组织以及相关学者的研究，新技术对教育的挑战主要体现在以下十个方面①②③：

1) 如何确保新技术在教育中的包容性和公平性？各个国家之间的技术应用和发展存在差异，应密切注意拥有资源的人与没有拥有资源的人之间两极分化的风险。需要解决包括基础设施在内的各种问题，利用人工智能等新技术改善学习。

2) 如何发挥以人工智能为代表的新技术的教育应用价值？认识到新技术应该具有的教育价值并了解它们在学校应用的前提、条件和限制是教育工作者应考虑的首要问题。

3) 如何帮助教师适应新技术的应用，让智能技术更好地服务教育？教师必须学习新的数字技能和教学技能，以便在教学中更有效地使用新技术。新技术的设计和开发人员必须了解教师的工作方式并创建在现实环境中可持续的解决方案。

4) 如何在日益增长的压力下平衡教学任务和心理健康？学业压力、如何保持心理健康等问题越来越突出，教师如何兼顾教学质量和帮助学生克服压力，成为亟待解决的问题。

5) 如何应对新技术带来的潜在负面效应，如何在人和技术共存的环境中实施教与学活动？人机协作使学习者

---

① 刘德建、杜静、姜男等：《人工智能融入学校教育的发展趋势》，载《开放教育研究》，2018(4)。

② UNESCO，Artificial Intelligence in Education：Challenges and Opportunities for Sustainable Development，2019.

③ UNESCO，Beijing Consensus on Artificial Intelligence and Education，2019.

拥有不同的学习经验。但是，技术并不总能满足人们的期望，有时会产生完全相反的效果。

6）如何应对新技术在教育应用中产生的伦理、责任和安全等问题？人工智能接入教育系统，需要关注开放访问数据与数据隐私保护之间的矛盾，注意数据所有权、数据隐私和公共利益数据可用性的法律问题和道德风险。

7）如何明确教育治理的对象和手段？为了使技术治理促进人机和谐发展，真正的挑战是治理什么以及如何治理。人工智能不是单个领域或单个行业的技术突破，而是一种根本性的变化，数据标准化、社交服务平台、跨多个领域的智能系统开发等都可以纳入技术治理的范畴。

8）如何确保教育数据的质量和包容性？需要开发高质量和高包容性的数据系统，数据质量应该是主要关注点。通过开发系统功能来改善数据收集和系统化管理至关重要。人工智能、大数据等技术的发展，提升了数据在教育系统管理中的价值。

9）如何在教育领域形成人工智能等新技术应用的政策？需要全面了解有关人工智能等新技术促进可持续发展的公共政策。在教育领域中发展所需要的技术比较复杂，需要在国际和国家层面上合作创建一个为可持续发展服务的新技术生态系统。

10）如何推进政府、企业和学术界的有效协同？新技术融入学校的关键是政府、企业和学术界之间的有效合作。企业和学术界可以互补，通过技术优化、教育方法研究、教育资源整合等方式，将新技术融入教育教学之中。

面对未来人才培养方面的挑战，我们需要在教育教学的设计上寻求新的突破。设计思维契合了未来世界的人才培养需求，已成为人们思维模式的新视角、解决问题的新方法、知识发展的新路径以及创新实践的新途径。教育需要设计，教育方法、教育内容、教育路径需要设计，人们需要具备设计思维。所以，我们需要加强设计在教育领域应用的研究，以帮助学生利用设计思维去解决未来生活、工作和学习中的问题。

小　结

近年来，大数据、生物技术、新材料技术、量子信息、人工智能等领域交叉融合，新兴重大颠覆性技术呈现出新的发展浪潮，即"新一轮科技革命"，其典型技术包括人工智能、第五代移动通信技术、大数据、云计算、区块链等。新一轮科技革命给人类的生产组织方式、生存环境和职业形态都带来了根本性的影响，同时也给教育带来了挑战。OECD"教育 2030"提出了面向未来的几个关键"变革性素养"，包含"创造价值"、"调解矛盾和困境"和"承担责任"，为未来的人才培养提供了框架。我们需要思考未来教育教学的形态，以及如何设计相适应的学习环境、教学模式、教育制度，从根本上变革学习。

> **练 习**
>
> 　　请以"未来教育"为主题，对身边的学习环境、教学模式或教育制度进行调研，列举三个正面的例子和三个反面的例子，分析现象背后的原因，形成一份调研报告。

DESIGN AND
DESIGN THINKING
设计与设计思维

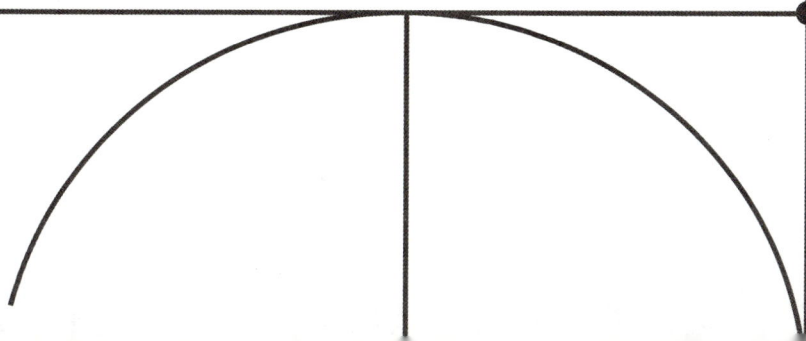

02

作为一种方法论，设计思维在设计和工程领域以及商务和管理领域所发挥的作用有目共睹，"寓创造性思维于行动中"的特点使它越来越受到教育工作者的青睐，如何培养学生在创新精神、创造性和解决问题能力这些方面的品质越来越受到重视。新技术对教育带来的挑战，要求我们重新思考教育，这就涉及用设计的眼光看待教育。究竟什么是设计？设计经历了怎样的发展过程？设计思维将为未来教育带来怎样的帮助？正确地解答这些问题，会帮助我们找到设计与教育的融合点。

本章从设计的概念出发，梳理了不同视角下设计的内涵及特征，介绍了设计的类型与发展阶段；基于当前所处的创新设计时代背景，介绍了设计思维的内涵、特征及典型模型。

内容结构

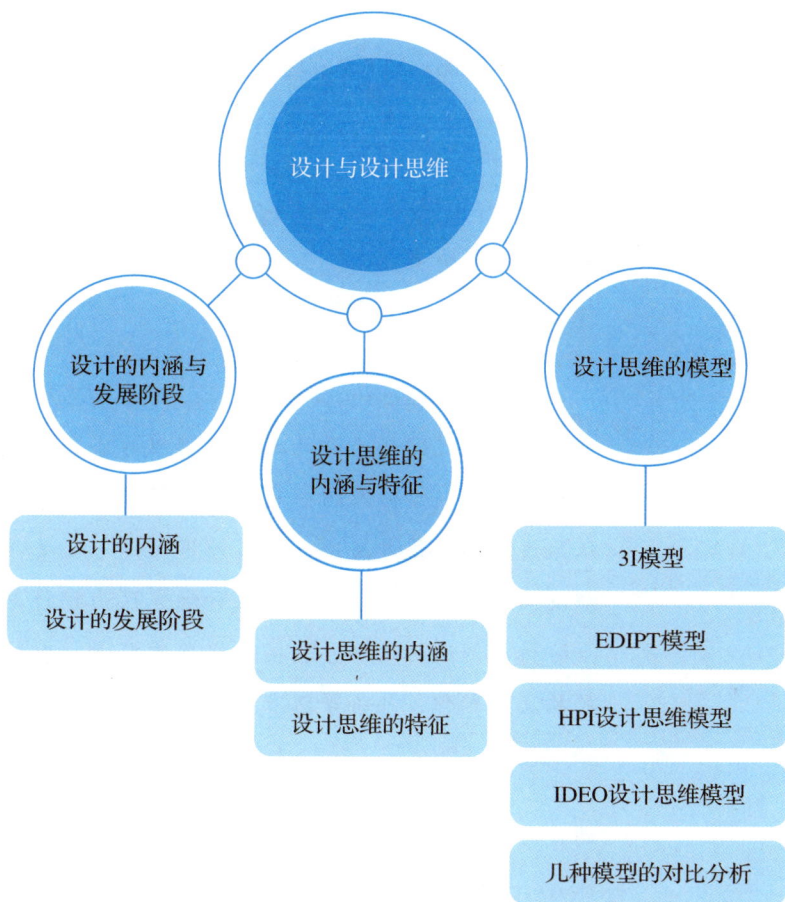

设计与设计思维

设计的内涵与
发展阶段

设计思维的
内涵与特征

设计思维的模型

设计的内涵

设计的发展阶段

设计思维的内涵

设计思维的特征

3I模型

EDIPT模型

HPI设计思维模型

IDEO设计思维模型

几种模型的对比分析

学习目标

1. 能够阐述设计的内涵及特征，并列举传统设计、现代设计、创新设计的特征。

2. 能够理解并描述设计思维的内涵及特征。

3. 能够描述 3I 模型、EDIPT 模型、HPI 设计思维模型、IDEO 设计思维模型的核心流程。

读前反思

你知道全球知名的设计专家和机构有哪些吗？他们有什么知名的设计产品/作品？

关键术语

设计（Design）： 是人类有目的地将信息、知识、技术和创意转化为产品、作品和服务等创新实践活动而进行的意义表征。

设计思维（Design Thinking）： 主要有三种不同的观点：第一种观点认为设计思维是思维方式，即设计思维是设计师区别于他人的一种复杂思维能力；第二种观点认为设计思维是方法论，即设计思维是一套关于创新式解决问题的方法论体系；第三种观点认为设计思维是一个分析、创造的过程，包括对问题的探索，对解决方案的构思、制作、评价等环节。

3I 模型（3I Model）： 蒂姆·布朗（Tim Brown）提出的设计过程三阶段，即"灵感（Inspiration）、构思（Ideation）、实现（Implementation）"，它们并不是有顺序地展开的，在一个过程中可能需要不止一次地重复这三个阶段来改善原先的想法和探索新的方向。

EDIPT 模型（EDIPT Model）： 斯坦福大学设计学院将设计思维分成共情（Empathize）、定义（Define）、构思（Ideate）、原型（Prototype）和测试（Test）五个环节。它是一个反复迭代的过程，EDIPT 模型是目前应用较多的设计思维过程模型。

HPI 设计思维模型（HPI Design Thinking Model）：
德国哈索·普拉特纳研究院（Hasso Plattner Institute，HPI）将设计思维方法归纳为理解（Understand）、观察（Observe）、整合观点（Define Point of View）、构思（Ideate）、原型（Prototype）和测试（Test）六个步骤。

IDEO 设计思维模型（IDEO Design Thinking Model）： IDEO 公司提出的设计思维模型包括发现（Discovery）、解释（Interpretation）、构思（Ideation）、实验（Experiment）和评估（Evaluation）五个环节。

2.1　设计的内涵与发展阶段

学习目标

能够阐述设计的内涵及特征，并列举传统设计、现代设计、创新设计的特征。

2.1.1　设计的内涵

设计开始于 15 世纪欧洲文艺复兴时期，主要指自觉的设计活动，大多指艺术家的创作。18 世纪，随着工业革命的发生，设计突破艺术领域，逐步扩展到多个领域，内涵也日益丰富。不同学者从不同的角度定义了设计，主要分为以下三类[①]：

1)**设计意义论**。设计是让产品有意义，其针对的是用户赋予产品的意义，以及用于传递意义的信息和产品语言。

---

① 陈鹏：《中学生设计素养研究：内涵、要素及培养策略》，博士学位论文，北京师范大学，2019。

2) **设计创新论。**原国际工业设计协会（International Council of Societies of Industrial Design，ICSID）认为设计是"一种创造性的活动，其目的是设定产品、流程、服务及其组成的整个生命周期多方面的性能"。设计是人类有目的地运用创造力的过程，人们根据产品的需求、功能、制造技术等，选择相应的元素、材料进行配置，从而得到易于使用、具有独特外形和功能的产品。

3) **设计过程论。**设计是确定人造物的概念和制作计划的过程，是产品生产、配送和消费等环节中综合文化、技术、符号等所有因素的过程。设计公司 IDEO 总裁蒂姆·布朗认为，设计的本质就是通过明确用户，制定正确的业务和技术策略以解决问题的过程。

无论是意义论、创新论还是过程论，学者只是从不同的角度探讨设计的内涵。设计对人类来说无处不在，所有围绕在我们身边的非自然物体都是经过设计的。远古时代，人类为解决日常所需而设计的一些人工制品，以功能和实用性为主。工业化时代，人们的日常需求可以迅速得到满足，生产效率大幅度提高，设计不再只是关注功能需求，而是更加重视造型、美观等高层次需求。信息时代，人们的生活方式和思维习惯发生了巨大变化，需求发生了很大变化，设计也开始关注新的手段和方法。

综合对这些设计观点的理解，本书将设计定义为：设计是人类有目的地将信息、知识、技术和创意转化为产品、作品和服务等创新实践活动而进行的意义表征。

比如，我们计划一些新事物，或许是制定一个新菜谱，或许是将教室进行重新布局，或许是更新课堂教学方案，都在做着设计。

对各类设计活动进行共性分析，我们可概括出设计具有以下几个特征：

1）设计是以人为核心的。它始终以人的需求为导向，以人为中心是设计最基本的特征。

2）设计有具体的产出。任何设计最终都有符合需求的产物，是人们有目的地将信息、知识、技术和创意转化为产品或方案。

3）设计具有创新性、创造性。它是创造性地解决生活问题、社会问题、技术问题等的活动，不断地突破、求新、求变。

4）设计具有一定的艺术性。除了满足功能和应用需求，设计还要具有一定的艺术性。

拓展阅读：

IDEO 公司

IDEO 公司倡导以人为本的设计。1991 年，大卫·凯利（David Kelley）、比尔·莫格里奇（Bill Moggridge）和麦克·纳托（Mike Nuttall）将各自的公司合并，成立 IDEO。其中，大卫·凯利是斯坦福大学教授，一手创立了斯坦福大学的设计学院，同时也是美国国家工程院院士，曾于 1982 年受乔布斯邀请为苹果公司设计出第一只鼠标。比尔·莫格里奇是率先将交互设计发展为独立学科的人之一，曾于 1982 年为 GRiD Systems 公司设计出全球首款商用笔记本电脑。IDEO 总部位于美国，目前的首席执行官是蒂姆·布朗。

2.1.2 设计的发展阶段

从发展历程来看，设计经历了三个发展阶段，分别是传统设计、现代设计和创新设计。

(1)传统设计

传统设计以经验总结为基础，运用长期设计实践和理论计算而形成的经验、公式、图表、设计手册等作为设计的依据，通过经验公式、近似系数或类比等方法进行设计。

它所使用的设计方法主要是：1)理论设计，即根据长期总结出来的设计理论和实验数据所进行的设计；2)经验设计，即根据某类零件已有的设计方法与经验关系式，或根据设计者个人的工作经验用类比办法所进行的设计。

(2)现代设计

现代设计方法是新理论与计算机应用相结合的产物，是以思维科学、设计理论系统工程为基础，以方法论为手段，以计算机为工具的各种技术和程序的总和。

现代设计方法的内容主要包括：1)信息论方法，如信息分析法、技术预测法，它是现代设计方法的前提；2)系统论方法，如系统设计法、人机工程；3)控制论方法，如动态分析法；4)优化论方法，它是现代设计方法的目标；5)对应论方法，如相似设计法；6)智能论方法，如计算机辅助设计(CAD)、计算机辅助制造(CAM)、计算机辅助计算，它是现代设计方法的核心。

(3)创新设计

创新设计是指充分发挥设计者的创造力，利用人类已有的相关科技成果进行创新构思，设计出具有科学性、创造性、新颖性及实用性成果的一种实践活动。创新设计可以从以下几个方面出发：1)从用户需求出发，以人为本，满足用户的需求；2)从挖掘产品功能出发，赋予老产品新的功能、新的用途；3)从成本设计理念出发，采用新材料、新方法、新技术，降低产品成本，提高产品质量和产品竞争力。

拓展阅读：

设计的原则

德国工业设计师迪特·拉姆斯(Dieter Rams)提出设计需要遵循十个原则：

(1)具有创新性的设计(good design is innovative)；

(2)实用的设计(good design makes a product useful)；

(3)好看的，具有较高审美水平的设计(good design is aesthetic)；

(4)容易看懂的设计(good design makes a product understandable)；

(5)不显眼的设计(good design is unobtrusive)；

(6)诚挚的设计(good design is honest)；

(7)经久耐用的设计(good design is long-lasting)；

(8)精心关注细节的设计(good design is thorough down to the last detail)；

(9)保护自然环境的设计(good design is environmentally friendly)；

　　(10)极简的设计(good design is as little design as possible)。

2.2　设计思维的内涵与特征

学习目标

能够理解并描述设计思维的内涵及特征。

2.2.1　设计思维的内涵

　　"设计思维"的概念,最早可以从赫伯特·亚历山大·西蒙(Herbert Alexander Simon)在 1969 年出版的《人工科学》(*The Sciences of The Artificial*)一书中看到雏形。在书中,他描述了人工科学与自然科学的差别,其中一个重要差别就是人工科学离不开人的设计,要将人工的与自然的进行融合,离不开人的思维。[①] 1980年,布莱恩·劳森(Brain Lawson)首次明确提出"设计思维"的概念,并认为设计思维是一种特殊和高度发展的思维形式,是一种通过学习后更擅长设计的技巧。之后,设计思维得到了人们的关注,并被广泛应用于各个领域。

　　国际上关于设计思维的概念,大致有三类观点:思维方式说、方法论说、创新过程说。[②][③]

[①]　林琳、沈书生:《设计思维的概念内涵与培养策略》,载《现代远程教育研究》,2016(6)。
[②]　闫寒冰、郑东芳、李笑樱:《设计思维:创客教育不可或缺的使能方法论》,载《电化教育研究》,2017(6)。
[③]　林琳、沈书生:《设计思维的概念内涵与培养策略》,载《现代远程教育研究》,2016(6)。

　　"思维方式说"认为，设计思维是设计师区别于他人的一种复杂的思维能力。设计师的思维是试图通过描述而不是建模的方式来表示设计进程中模糊的属性。有学者认为设计学科领域是独立的，设计思维是设计者获得特殊知识和能力的方式；也有学者将设计思维这种独特的思维模式称为设计智能。

　　"方法论说"认为，设计思维是一套关于创新式解决问题的方法论体系。里姆·拉佐克（Rim Razzouk）与瓦莱丽·舒特（Valerie Shute）认为设计思维是一套启发式规则、一系列步骤或策略，它能指导人们解决复杂或劣构的问题，并制作具有创新性的产品。德国波茨坦大学的哈索·普拉特纳（Hasso Plantter）和美国斯坦福大学的赖瑞·莱弗在其书中将设计思维描述为以人为中心的方法论，它整合了设计、社会科学、工程和商业方面的专业知识，将人、商业和技术因素集成在问题形成与解决以及方案设计的过程中，通过多学科协作与迭代改进，最终形成创新的产品、系统或服务。

　　"创新过程说"认为，设计思维是一个分析、创造的过程，包括对问题的探索，对解决方案的构思、制作、评价等环节。蒂姆·布朗将设计思维定义为"用设计者的感知和方法去满足在技术和商业策略方面都可行的、能转换为顾客价值和市场机会的人类需求的规则"[①]，将其看作一种实现创新的新途径。

---

① Tim Brown，Design Thinking. *Harvard Business Review*，Vol. 86，No. 6，2008，pp. 84-92.

2.2.2　设计思维的特征

综合当前对设计思维的概念和特征的解读，设计思维的内涵特征包括系统思考、多学科、共情、劣构问题、问题解决框架、创新、协作、模糊前端、直觉、回溯推理、乐观、可视化、原型、迭代等，如表 2-1 所示[①]。

表 2-1　设计思维的内涵特征

内涵特征	特征描述
系统思考 （systemic thinking）	系统化地看待问题，综合不同的方法、步骤等来创建系统化的解决方案
多学科 （multidisciplinary）	需要运用多学科的知识，进行跨学科的协作
共情 （empathy）	坚持"以人为中心"的原则，从多角度、用多种方法观察世界、理解用户
劣构问题 （ill-structured problems）	需要解决结构不完整、不确定的问题
问题解决框架 （problem-solution framing）	针对问题解决，具有一定的流程、框架
创新 （innovative）	采用创新的方法来完成问题解决，最终指向发明与创造
协作 （collaborative）	通过团队的交流、协作完成问题解决
模糊前端 （fuzzy front end）	新产品工程开发过程中混乱的"开始"阶段，也被称为"创新的前端"

---

① 陈鹏：《中学生设计素养研究：内涵、要素及培养策略》，博士学位论文，北京师范大学，2019。

续表

内涵特征	特征描述
直觉 （intuitive）	头脑风暴过程中，相信自己的直觉反应
回溯推理 （abductive reasoning）	一种逻辑推理形式，强调从一个观察或一组观察开始，寻找最简单和最有可能的解释
乐观 （optimistic）	乐观地面对问题，相信每个问题都有解决办法
可视化 （visualization）	将思考的过程、工作的过程用可视化形式呈现（如草图、思维导图、设计图、便利贴等）
原型 （prototyping）	使用一定的工具将方案可视化实现
迭代 （iterative）	不断地、反复地创建、测试、修改方案与模型，直到被用户认可

总的来说，设计思维具有以下几个方面的特征：

首先，设计思维指向有目的的创新实践活动。设计思维具有丰富的内涵，就其本质而言，无论哪种说法，都首先指向创新，有目的地、采用创新的方法完成问题解决，最终指向发明与创造。研究者提出，设计思维是创新，是催化剂，伟大的创新者和领导者需要成为伟大的设计思想家。

其次，设计思维指导设计问题的完整解决。在某种程度上思维的目的可被理解为问题解决，完整的思维过程就是提出问题并解决问题的过程。设计思维有助于人们解决问题，在一定的问题情境中，发现问题、构思方案，直到形成最终的问题解决方案。它强调在问题解决过程中，人们应分析问题情境，运用已有的知识和能力，选用合适的工具、资源和方法，系统分析和解决问题。

最后，设计思维是进行意义表征的心智操作过程。设计过程是人们将信息、知识、技术和创意转化为产品、作品和服务的过程，设计思维的结果往往需要通过设计者创建的设计制品来体现。设计制品区别于学习者的一般性作业的标志在于，其具有清晰的问题解决思路和方案，而且强调设计制品应建立在满足人的基本需求的基础之上，并能从应用转化的角度来考察设计制品的质量，使用一定的工具实现方案可视化。

因此，本书倾向于将设计思维理解为有目的的创新实践活动，指导设计问题的完整解决，是进行意义表征的心智操作过程。

2.3　设计思维的模型

> **学习目标**
>
> 能够描述 3I 模型、EDIPT 模型、HPI 设计思维模型、IDEO 设计思维模型的核心流程。

2.3.1　3I 模型

3I 模型可以作为了解设计思维模型的基础，包括灵感（Inspiration）、构思（Ideation）、实现（Implementation）三个阶段。每个阶段都由一系列的迭代活动组成，融合着同理心、协作、整合思维等，形成了一个设计思维的循环框架。[①]（图 2-1）

---

① Tim Brown，*Change by Design：How Design Thinking Transforms Organizations and Inspires Innovation*，New York：Harper Collins，2009，p. 24.

图 2-1　3I 模型

灵感："以人为中心"开展探索与分析，通过观察、调查、访谈等定性研究方法获得对用户问题的共情，确定要解决的问题。

构思：通过合作、沟通，积极地、尽可能多地产生解决问题的想法。

实现：将想法原型化，并进行测试和迭代，直到设计方案最终被接受。记录一个方案发展的过程，应用筛选出来的概念，并通过监控、回顾以及报告等方式来进行改进，形成最终制品。

在 3I 模型中，设计思维过程不是一系列有规律的步骤，在一个过程中可能需要不止一次地重复这三个阶段来改善原先的想法和探索新的方向。

2.3.2　EDIPT 模型

斯坦福大学设计学院将设计思维分成共情（Empathize）、定义（Define）、构思（Ideate）、原型（Prototype）

和测试(Test)五个环节(图 2-2)。① 它是一个反复迭代的过程，EDIPT 模型是目前应用较多的设计思维过程模型。

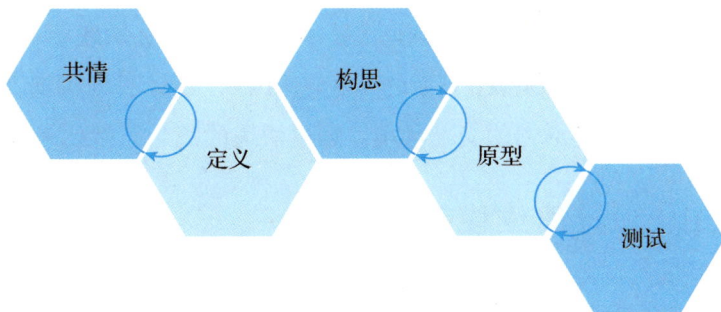

图 2-2　EPIPT 模型

共情：设计思维中强调"以人为中心"的最核心的环节，通过观察、倾听、调查等方法，了解用户真正的需求，为接下来的定义和构思奠定基础。

定义：在收集到的信息中寻找需求点，并进行思维加工，分析、总结、确定要解决的有意义且可行的关键问题。

构思：小组成员之间通过各种方式(如头脑风暴、九宫格、六顶帽子等)，提出想法，梳理想法，形成解决方案。

原型：将解决方案可视化，通过不断地创建、测试和迭代修改原型，逐渐生成更佳的解决方案。

---

① 陈鹏、黄荣怀：《设计思维带来什么？——基于 2000—2018 年 WOS 核心数据库相关文献分析》，载《现代远程教育研究》，2019(6).

测试：由目标用户对原型进行测试，通过获取用户的参与体验和反馈，不断完善产品方案。

普拉特纳和莱弗等人认为，虽然在过程图中看到设计思维通常由五个主要阶段组成，但在实践中，它们往往需要无数、复杂的反复与迭代[1]，设计思维创造了一个充满活力的交互环境，通过快速的概念原型化来促进学习。[2]

2.3.3 HPI 设计思维模型

德国哈索·普拉特纳研究院将设计思维方法归纳为理解（Understand）、观察（Observe）、整合观点（Define Point of View）、构思（Ideate）、原型（Prototype）和测试（Test）六个步骤（图 2-3）。

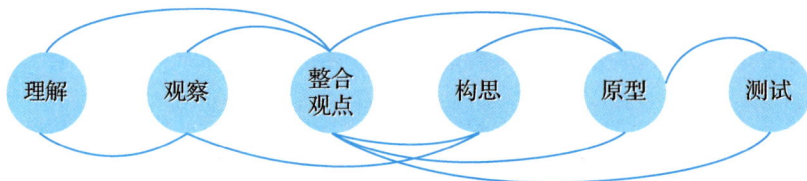

图 2-3　HPI 设计思维模型

理解：学习者沉浸在学习挑战之中，通过与专家交流，运用多媒体工具获取相关信息进行探究，形成关于设计挑战的基本背景知识，并设身处地思考他人面对挑战问题时的感受。

---

① Plattner H.，Meinel C.，Leifer L.（Eds.）. *Design Thinking：Understand-Improve-Apply*，Berlin Heidelberg：Springer-Verlag，2010，p. xiv.

② 陈鹏：《中学生设计素养研究：内涵、要素及培养策略》，博士学位论文，北京师范大学，2019。

观察：学习者进入设计挑战所处的真实环境中进行参观、互动与反思，形成基于该情境下的同理心，为解决设计挑战打下基础。

整合观点：在理解和观察的基础上，学习者对所获取的信息等进行整合。

构思：学习者通过头脑风暴发表自己的观点、评价他人的观点，重点是形成应对挑战的可能方案。

原型：依据解决方案，通过原型制作将观点、想法可视化，制作出三维的实物原型。该原型不必非常精确，核心在于体现设计的思路以及对学习挑战的解决方案。

测试：目的在于明确原型的优势与不足，并不断地迭代改进。

2.3.4　IDEO 设计思维模型

IDEO 公司提出的设计思维模型包括发现（Discovery）、解释（Interpretation）、构思（Ideation）、实验（Experiment）和评估（Evaluation）五个环节（图 2-4）。

发现
· 理解挑战
· 探索准备
· 收集想法

解释
· 故事分享
· 意义寻找
· 框架设计

构思
· 观点收集
· 观点优化

实验
· 制作原型
· 获取反馈

评估
· 反思学习
· 继续前进

图 2-4　IDEO 设计思维模型

发现：通过一定的技术手段和方法深入了解所面对的挑战，通常包括理解挑战、探索准备和收集想法三个方面。

解释：将所收集的信息建构为自己解决挑战的知识，包括故事分享、意义寻找和框架设计三个方面。

构思：依据对相关挑战信息的解释，采用头脑风暴、快速想象的方法，收集新奇的观点和想法，为应对挑战提供可能的解决方案。该阶段包括观点收集和观点优化两个方面。

实验：实践设计方案，包括制作原型和获取反馈两个方面。

评估：基于前四个阶段获得的信息，不断完善每一个阶段，包括反思学习和继续前进两个方面。

与此同时，IDEO 公司专门为教育工作者开发了一套设计思维工具包(Design Thinking for Educators)，为教师提供了在现实场景中应用设计思维模型所需的工具和方法，目的是帮助教育工作者在社区、学校、课堂上设计有意义的方案。

此外，斯坦福大学设计学院 K-12 实验室与 IDEO 公司合作推出了面向 K-12 的设计思维项目 [Design Thinking in Schools(K-12)]，该项目以斯坦福大学设计学院的 EDIPT 模型为框架，将 K-12 分为四个阶段，构建了设计思维环节 K-12 的目标与能力水平，并根据不同的水平，在每个环节都设计了对应的活动(表 2-2)①。
该项目与教师、学校领导、学习体验设计师、科技企业
家等各类教育创新者合作，以期发挥设计思维在教学和
学习中的作用，培养教育者和学生创造的信心，致力于
让所有的孩子都有机会成为创新者。

表 2-2　面向 K-12 的设计思维项目中的活动设计

环节	水平 1	水平 2	水平 3	水平 4
共情	开放式提问 视频观察 空间沉浸	采访技巧 观察与解释 工作笔记与现场记录	如何/为什么用 梯形进阶式 某人的一天 个人储物盒	+的力量 社区图 调查
定义	快乐星球	共情图 其他画图技巧	制作广告 2 * 2 矩阵	隐喻
构思	简单头脑风暴	头脑风暴的规则	头脑风暴可视化 身体风暴	头脑风暴 众包
原型	纸质原型	物理原型	角色扮演 故事板 决定原型 确定变量	无形的原型
测试	基本演讲、演示	四象限测试	测试场景 原型评估	调查 真实世界测试

2.3.5　几种模型的对比分析

通过对比几种典型模型(表 2-3)，可以发现，3I 模
型的"灵感—构思—实现"体现在各个设计思维模型中，
"灵感"以共情问题、理解问题为主，"共情—定义""发
现—解释"目的相同；"构思"是在理解问题之后，生成

---

① Design Thinking in Schools(K-12). https：//www.designthinkinginschools.com/，2023-08-07.

各种想法，并确定设计方案的过程；"实现"是将创新的想法与方案生成制品、变成现实的过程，"原型—测试""实验—评估"等目的相同。

表 2-3　几种典型的设计思维模型比较

模型	核心流程			特点	应用视角
	确定问题	生成方案	评估方案		
3I 模型 （蒂姆·布朗）	灵感	构思	实现	强调设计是一个探索的过程，三个阶段不断迭代反复	所有人
EDIPT 模型 （斯坦福大学设计学院）	共情—定义	构思	原型—测试	强调以人为本、迭代反复	学生、教育工作者、企业管理者
HPI 设计思维模型 （德国哈索·普拉特纳研究院）	理解—观察—整合观点	构思	原型—测试	强调学习者的问题解决	学生、教育工作者、企业管理者
IDEO 设计思维模型（IDEO 公司）	发现—解释	构思	实验—评估	强调以人为本	企业管理者

小　结

　　设计是人类有目的地将信息、知识、技术和创意转化为产品、作品和服务等创新实践活动而进行的意义表征。设计以人为核心，有具体的产出，具有创新性、创造性和一定的艺术性。关于设计思维，国际上存在着"方法论说""思维方式说""创新过程说"等观点，本书倾向于将设计思维理解为有目的的创新实践活动，指导设计问题的完整解决，是进行意义表征的心智操作过程。3I 模型是一种比较经典的设计思维模型，包括灵感、构思、实现三个阶段。这三个阶段体现在各个设计思维模型中，如斯坦福大学设计学院的 EDIPT 模型、德国哈索·普拉特纳研究院的 HPI 设计思维模型、IDEO 公司的设计思维模型等。

练　习

收集几个经典的设计思维在教育中应用的案例，分析其成功的要素，并提出一个自己认为可以应用设计思维的教育项目。

NCIP DESIGN METHODOLOGY

NCIP 设计方法

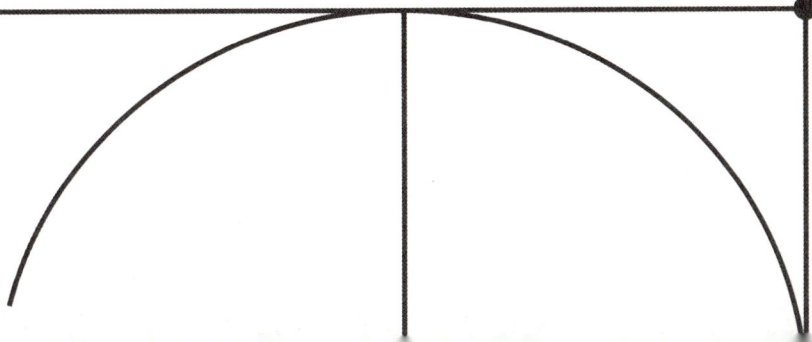

概　述

当前在教育领域，已有不少学者和企业专家尝试引入设计思维和方法来解决教育问题。本章基于国际经典的设计思维模型，结合"设计与学习"课程开设的经验提出了"NCIP设计方法"（需求—情境—构思—表征）。作为一套通用的方法，它可以用于解决生活、工作和学习中的各种问题。本章围绕该方法，展示了具体的设计流程和应用案例。在互联网时代，人与人之间的联结越来越重要，借助各种工具开展协同设计已成为设计师和社会大众的选择，本章也介绍了一些协同设计的组织方式。

内容结构

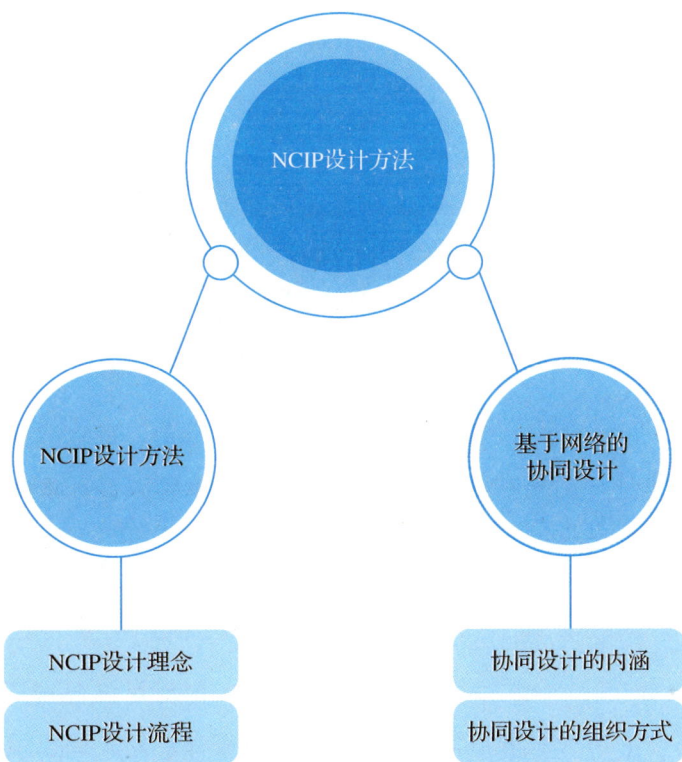

读前反思

你在生活和学习中设计过哪些"事物"，用了哪些方法和工具？

关键术语

NCIP 设计方法（NCIP Design Methodology）：是一套设计流程，以"需求、情境、构思、表征"为核心，具体包括需求分析、情境识别、用户分析、关联者分析、竞品分析、意义表征六个环节。

原始需求（Original Demand）：通常是指经过一系列需求素材采集工作后得到的未经加工处理的需求。

用户（Users）：是指解决方案能够满足他们的某种需求，并为其服务的对象群体。

关联者（Stakeholder）：包括对产品或服务的使用、体验或使用结果有影响或有兴趣的人或组织。常见的关联者类型有用户、出资方、合作方、购买者、权力部门、其他感兴趣的人或组织。

竞品（Competitor）：不仅包括竞争对手的产品，还包括所有值得参照借鉴的产品。

情境（Context）：人与产品交互的环境，是用户在使用产品的过程中可能出现的情况，以及在这类情况下的反应和心理感受，具体包括时间、地点、人物、起因、经过、道具、使用条件等类别。

意义表征（Presentation）：为了满足需求而构思的方

案集合，其展现形式可以是表格、故事板、思维导图、文档、模型等。

协同设计(Co-Design)： 由两个或两个以上设计主体(或称专家)，通过一定的信息交换和相互协作机制，分别以不同的设计任务共同完成某一设计目标。

众包(Crowdsourcing)： 一个公司或机构把过去由员工执行的工作任务，以自由自愿的形式外包给非特定的(而且通常是大型的)大众志愿者的做法。

元设计(Meta Design)： 是基于这样一个假设，即未来的使用和问题在设计时不能完全预测。因此，设计者根据用户的未来需求和同一系统可用于解决的新问题，设计用户可以修改的开放平台。

参与式设计(Participatory Design)： 它试图让所有利益相关者(如雇员、合作伙伴、客户、公民、最终用户)积极参与设计过程，以帮助确保结果满足他们的需求并且可用。

集成设计(Integrated Design)： 是一种综合性的整体设计方法，它将通常分别考虑的专业集中在一起。

3.1　NCIP 设计方法

学习目标

能够描述 NCIP 设计方法的理念与核心要素，并应用 NCIP 设计方法开展具体活动。

3.1.1　NCIP 设计理念

刘德建博士多年来开发了不少受欢迎的互联网产品，并从实践中总结出了适合互联网产品的设计理论——DJ 设计方法论。2017 年年初，刘德建博士在哈佛大学教育学院开设"设计方法论"主题课程（Next Generation Design：Methods and Heuristics），学生们学习 DJ 设计方法论，并以"游戏设计"为主题开发一款交互产品，通过系统的方法论去思考设计、思考产品、重新认识学习。同年，北京师范大学开设面向研究生的专业选修课"设计与学习"，将 DJ 设计方法论引入课程中，采用"基于项目的学习"方法，启发学生思考未来教育，发现身边的真实教育问题，并寻找解决方案。2018 年，该课程面向全国开放。为了在更广阔的平台上引导学生用设计解决教育问题，北京师范大学于 2018 年策划并组织了"教育设计 48H 晋级赛"，采用 DJ 设计方法论作为作品设计的方法，之后每年举办一次全球未来教育设计大赛。

经过几年的课程与大赛的实践，DJ 设计方法论与教育领域的问题解决碰撞出新的"火花"，我们称其为 NCIP 设计方法。NCIP 设计方法以"需求、情境、构思、表征"为核心，秉承"人人都是设计师，生活无处不设计"的理念，具体包括需求分析、用户分析、关联者分析、竞品分析、情境识别、意义表征六个环节（图 3-1）。可视化、结构化、逻辑化等特征，让其具有高度适应性，目前已被广泛应用在各个领域，特别是教育领域的教学空间设计、教学活动设计、互联网教育产品设计中，并产生了不少优秀案例。

　　需求分析（Needs Analysis）是 NCIP 设计方法的逻辑起点，设计的核心是有目的地将信息、知识、技术和创意转化为产品、作品和服务等而进行的意义表征。任何一个设计都有具体的、待解决的问题，在设计活动开始时，首先需要明确具体的问题需求，突破思维局限，对需求进行多角度、多层面、多维度的分析和理解。

　　情境识别（Context Identifying）是 NCIP 设计方法中的第二个核心要素，指在一定时间内各种情况的相对的或结合的境况。人们进行任何活动都离不开具体的情境，在对具体待解决的问题或需求进行设计实践时，对受众的行为活动所处的情境展开详细的分析，在具体情境中挖掘受众的心理和行为特征，探索背后隐藏的需求或原因，为问题解决提供更具有针对性、更丰富且有效的设计方案。

　　构思（Ideation）是 NCIP 设计方法中很关键的要素，对最终制品的创新性有直接的影响。先通过需求分析、情境识别等获取灵感，然后经过讨论分析得出核心判断，通过特定的流程在短时间内相互激发，得到多样化的初步解决方案。该环节可通过头脑风暴来发散思维，从而让设计思路变得更加清晰，同时通过分析、筛选或者合并创意的想法，形成集中群体智慧的解决方案。

　　意义表征（Presentation）是 NCIP 设计方法中的第四个核心要素，是在设计实践中联结信息、知识、技术和创意的关键要素。意义表征是指在对需求、情境进行详细剖析，经构思得到解决方案之后，用表格、思维导图、故事板、文档等多种形式将其表达呈现。

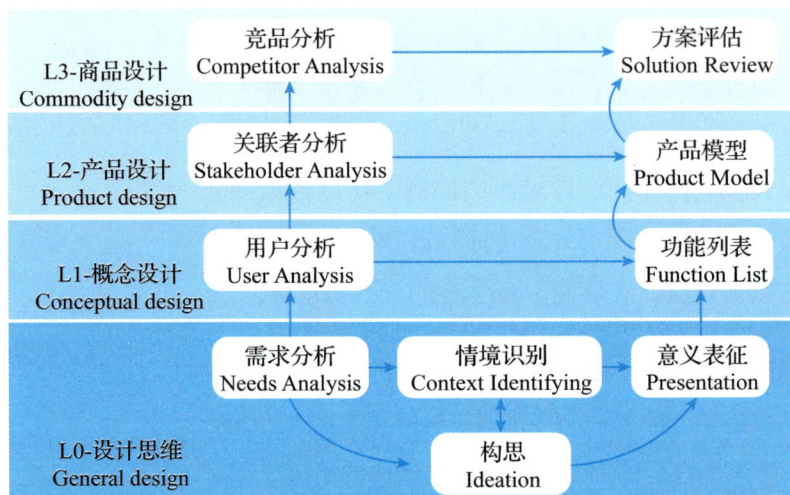

图 3-1 NCIP 设计方法框架

在 NCIP 设计方法四个核心要素"需求、情境、构思、表征"的基础上进行丰富和扩展，以满足不同的设计需求和目标，最终通过设计实践产出包括概念、产品、商品等不同层次的解决方案。

概念设计在需求分析、情境识别、构思、意义表征中增加用户分析，生成功能列表。产品导向的设计（也称"产品设计"）需要对关联者进行分析，思考哪些人会与需求存在关联，且相关利益关系如何，进而满足利益需要、避免利益冲突，提高设计方案的可行性，生成产品模型。商品导向的设计（也称"商品设计"），则需要增加对竞品的调查与分析，对相似的同类商品进行挖掘，借鉴已有商品的优势，对方案进行评估，进而提升设计方案的市场成功率。

在初步的解决方案形成之后，通过方案评估，不断调整与优化，最终生成最优的解决方案。

3.1.2　NCIP 设计流程

在应用 NCIP 设计方法来寻找最优解决方案的过程中，我们可以遵循一定的流程，并采用表格的方式来记录设计过程。以下将介绍需求分析、用户分析、关联者分析、竞品分析、情境识别、意义表征中可以采用的流程和表格，并结合全球未来教育设计大赛和"设计与学习"课程的实践，分享一些案例。

(1)需求分析

需求分析包括获取需求、筛选需求、结构化需求和确认需求四个环节，最后形成需求分析工作表(表 3-1)。在需求分析过程中，应尽量引导需求方说出内心单纯而原始的想法，不去涉及方案细节的讨论。

获取需求。首先明确需求方，然后通过用户反馈、问卷调查、访谈、会议等多种方式从需求方获取原始需求。

筛选需求。从获取的原始需求中提炼有价值的、合理的需求信息，排除明显不合理的需求。

结构化需求。通过对原始需求的筛选，将有价值的需求素材进行条理化、系统化的整理，并填写在需求分析工作表中。需求分析工作表一方面将信息清晰地呈现，有利于理解和沟通；另一方面也便于设计过程中的回顾和检查。

确认需求。完成需求分析工作表后，与需求方进行最终确认。

表 3-1　需求分析工作表

需求方		项目名称	
时间要求		目标用户	
原始需求描述		设计目的	
		使用情境	
关键词			

拓展阅读：

斯坦福大学课程中 TEAMO 原型设计的需求分析

2017 年，在网龙网络公司的资助下，北京师范大学智慧学习研究院选拔了 5 位研究生，参与斯坦福大学 ME310 课程的学习，并与斯坦福大学的学生组建项目团队，设计了一款面向协作学习的教学支持智能机器人原型 TEAMO。

结合网龙网络公司提出的需求，通过在中国的北京、福州、赣州，美国的旧金山等地中小学的实地调研，以及与基础教育领域专家的讨论，综合分析之后，项目团队得到"面向协作学习的教学支持机器人"的原始需求。

TEAMO 原型设计的需求分析工作表

需求方	网龙网络公司	项目名称	面向协作学习的教学支持机器人
时间要求	9 个月	目标用户	K-12 学生、教师
原始需求描述		设计目的	
(1)帮助教师完成必要的协作学习引导、管理和监控工作，及时了解学生在协作学习过程中的进度与困难； (2)帮助小组有效地开展协作学习； (3)应该有合适的外观，以更好地被学生接受。		帮助教师、学生有效地组织和开展协作学习。	
		使用情境	
		K-12 课堂协作学习	
关键词		K-12、协作学习、机器人	

(2)用户分析

用户分析是对设计方案的适用对象的分析。用户分析的核心目的是理解并全面提取出对设计有帮助的用户的生理、心理和社会等各方面的属性，从而得到设计启发。用户分析包括确定目标用户、目标用户属性分析、目标用户描述三个环节，最后形成目标用户工作表(表 3-2)。

确定目标用户。 该环节是确定整体设计方向的重要环节，也是后续设计的重要依据。设计者可以通过前期用户调查、情景实验、问卷调查、数据分析、建立用户模型等方法来确定目标用户。

目标用户属性分析。 目标用户属性分析包括获取用户属性、属性标签描述、获取设计启发三个部分。用户属性，既包括通用属性、经济属性、文化属性、社群属性、硬件属性、软件属性等基础属性，也包括行为习惯特征属性和人性心理特征属性。获取属性之后，对属性的标签进行解释，并基于这些属性通过碎片化、穷举法等方法得到设计启发。得到的设计启发可以是使用情境、可能的功能，也可以是规则、特性等。

目标用户描述。目标用户描述就是对目标用户的特征进行总结性描述，并完成目标用户工作表，以说明目标用户是一个什么样的群体。描述时应遵循易读性、具象性、特征性的原则。

表 3-2　目标用户工作表

目标用户			
属性标签		属性标签描述	设计启发
基础属性	通用属性		
	经济属性		
	文化属性		
	社群属性		
	硬件属性		
	软件属性		
特征属性	行为习惯特征属性		
	人性心理特征属性		
目标用户描述			

拓展阅读：

碎片化和穷举法

在整个项目设计过程中，设计师可以通过碎片化和穷举法两个设计思维工具来发散思维，获得灵感。

碎片化是指将事物，按属性、用户角色、工作流程等维度分解成更细小的维度，以便更全面地了解事物对象。碎片化首先要确定碎片化的目的和对象；接着根据碎片化的目的挑选合适的维度；最后再从大到小逐层进行分解，直到能客观全面了解事物细节为止。

穷举法是指逐个考察某类事件的所有可能情况，然后再做出选择。一般来说，包括列举可能、归纳维度、发散列举更多可能这三个步骤。列举可能和归纳维度是一个不断循环、迭代的过程。

碎片化和穷举法可一起使用。在进行碎片化的过程中，穷举法可以帮助我们发现更多有用的碎片化维度和更具体的碎片。

拓展阅读：

全球未来教育设计大赛中"小视界"原型设计的目标用户分析

"小视界"是全球未来教育设计大赛中的学生作品。项目团队根据 NCIP 设计方法，设计制作出适合儿童发展的，有利于培养儿童的好奇心与动手能力的交互类科普性智慧书籍。

项目团队将用户定位为城市及村镇 6～12 岁儿童，通过实地访谈、桌面调研的方式对用户特征进行分析，总结归纳得到"小视界"原型设计中的目标用户工作表。

"小视界"原型设计中的目标用户工作表

目标用户	城市及村镇 6～12 岁儿童	
属性标签	属性标签描述	设计启发
基础属性	(1)对科学知识需求量大，而探索户外的时间较少； (2)处于认知能力发展成长期，对科学现象好奇心强，基于生活观察提出的疑问较多； (3)熟悉电子化产品的使用。	(1)要与传统课堂教育模式产生质性区别； (2)内容贴合生活实际。
特征属性	(1)对传统书籍阅读兴趣低，在阅读过程中缺乏全方位、多感官的学习体验，存在不良的阅读习惯或对阅读的排斥现象； (2)对内容优质、能够调动感官、富有互动属性的数字化书籍尝试意愿高，阅读时间更持续； (3)偏好色彩对比明显、元素丰富、故事性强、体验多样的童书； (4)独立意识开始发展，希望脱离家长引导进行独立阅读，很大比例用户喜爱在同伴及家庭成员间展现自我知识的获得； (5)相较于应试的知识测试形式，更喜爱游戏式的体验类型测试。	(1)调动五感进行教育，打造浸入式环境； (2)基于用户年龄阶段特征，设计优质的、符合用户认知能力的内容及交互形式； (3)设计贴合用户喜爱的元素、故事及画面风格； (4)给予使用过程中的自主性； (5)基于游戏的方式进行知识的巩固和自测。

(3)关联者分析

关联者，又叫干系人、利益相关者，是指对产品或服务的使用、体验或使用结果有影响或有兴趣的人或组织。关联者分析包括寻找关联者、判断关联者重要度、关联者分析、设计启发四个环节，最终形成关联者分析工作表(表 3-3)。通过分析关联者的利益，可以有效扩大关联者的积极影响、控制关联者的消极影响。

寻找关联者。常见的关联者类型有用户、出资方、合作方、购买者、权力部门、其他感兴趣的人或组织等。通常从产品的相关情境中、从产品生命周期的不同阶段中寻找关联者。

判断关联者重要度。该环节主要是从关注程度、权力、影响力、支持态度、紧迫性等方面，判断关联者对产品需求和设计的影响程度，并对关联者进行优先级排序。

关联者分析。从涉及的利益、期望/要求、目的/动机等方面对关联者进行分析，帮助设计者准确地把握需求的价值和必要性，从而得到设计启发。

设计启发。提炼设计启发，并将其转化为关联者可能需要的功能或新的情境，为设计提供依据。设计启发可以是产品的使用场景，或是某些规则、特性等。在此阶段，不对设计启发的内容进行取舍判断，尽量提炼多种具有可行性的功能、情境，最后形成关联者分析工作表。

表 3-3　关联者分析工作表

关联者名称	关联者类型	利益分析	期望/要求	目的/动机	设计启发
总结					
（对关联者的需求、价值观、目的、动机等进行总结）					

拓展阅读：

北京师范大学"设计与学习"课程中

"在线监考场景"设计的关联者分析

　　"在线监考场景的设计与实现"是北京师范大学"设计与学习"课程中的学生设计方案，项目团队根据 NCIP 设计方法设计了适用于在线监考的模式及监考系统。团队成员从产品的生命周期及相关应用情境出发，对关联者进行了分析。

"在线监考场景"设计中的关联者分析工作表

关联者名称	关联者类型	期望/要求	目的/动机	设计启发
学校	购买方	(1)获取先进在线监考系统，辅助考试的运行与管理； (2)可根据不同学科或专业需求，灵活设置答题模式或题目； (3)可以有效监测违规情况。	(1)减轻人工监考压力，降低成本； (2)提高利用率，追求性价比； (3)保证考试的公平公正。	(1)产品需支持从考前到考后的整个考试流程； (2)支持自主设置考试模式及考题； (3)采用虹膜识别、360°全景监控、眼动追踪、防切屏等多种技术对考生的行为进行监测。
学生	用户	(1)考试流程清晰、易操作，不会因了解系统耽误太多时间； (2)监考规范，不会造成个人隐私信息泄露等问题； (3)对考试中的操作识别准确，不会造成漏判误判。	(1)提高考试效率； (2)确保自身信息安全； (3)避免影响成绩，同时确保考试的公平公正。	(1)用户端操作要简单，提供操作引导或说明； (2)确保信息及数据安全； (3)多角度防舞弊并留存记录，支持学生查询成绩。
教师	用户	(1)可以实时、多角度对学生的行为进行监控，并能随时调出查看； (2)监考方式简单、易操作； (3)能够快速有效地识别考生身份，以便对号入座； (4)在考生有违规行为时，系统可以自动提示。	(1)保存证据，避免误判； (2)减小工作量； (3)提高监考效率。	(1)对监控数据进行存储，并提供回放； (2)降低教师操作难度，提供监考端操作说明； (3)具有身份验证功能； (4)具有违规自动提示功能。

续表

关联者名称	关联者类型	期望/要求	目的/动机	设计启发
国家教育部门	权力部门	(1)具有规范的考试管理制度； (2)监考系统符合相关网络规范要求。	在保障在线教育发展的同时，形成在线教育良好生态。	监考过程及系统内容符合国家规范。

(4)竞品分析

竞品分析的目的是为设计提供功能、可用性、关键技术等方面的参考，具体包括竞品收集、竞品选择、竞品拆解、功能整合四个环节，最后形成竞品分析工作表(表3-4)。其实质是做比较分析，进行竞品分析有利于分析自身优劣并制定可行的办法，提升方案的可行性、稳定性和创新性。

竞品收集。通过线上线下的各种渠道，准确、全面地收集各类竞品，为后续筛选准备素材。

竞品选择。将上述收集到的竞品进行分类，选出具有参考价值的竞品，为后续获得尽可能多的产品功能列表提供基础。

竞品拆解。将有参考价值的竞品进行功能拆解，了解它们的优势和不足，从不同层级发现更多竞品的功能，获得设计启发。

功能整合。结合多个竞品优势，将功能进行整合，并标注每个功能的重要度，从而获取产品的雏形与框架，形成竞品分析工作表。

表 3-4　竞品分析工作表

竞品名称	竞品简介	核心功能点及设计意义	设计启发
总结			
（主要竞争点、主要设计启发）			

拓展阅读：

全球未来教育设计大赛中的"小视界"

原型设计中的竞品分析

"小视界"项目组通过竞品分析的四个环节，经过收集、筛选和分析，最终形成《"小视界"原型设计中的竞品分析工作表》。

"小视界"原型设计中的竞品分析工作表

竞品名称	竞品简介	核心功能点及设计意义	设计启发
How it works	由世界优秀的科学编辑团队打造的少儿科普杂志，164 位诺贝尔奖获得者参与撰稿。	(1)提供多种学科类目的学习，有全局性的知识体系； (2)专业的知识、美观的表达、权威的专家库。	(1)引导思维培养，帮助形成科学探究的思维； (2)对内容进行严格审核，确保内容的准确及科学性； (3)增加书籍的趣味性、设计感。
大闹天宫3D立体书	中国经典原创立体图书，根据上海美术电影制片厂经典的动画电影改编。	(1)经典文化解读； (2)通过立体纸的设计给予读者视觉冲击。	在书中配备 AR 交互、多功能 3D 打印笔、特殊材质纸张等创意功能，帮助儿童更好地"玩转"科学。

续表

竞品名称	竞品简介	核心功能点及设计意义	设计启发
小牛顿科学馆系列丛书	台湾牛顿出版公司出版的期刊，内容主要是适合儿童阅读的科普类知识。	(1)插画式设计传递知识； (2)通过二维码提供拓展性内容； (3)通过漫画、故事等形式，讲述有体系、有趣味、有历史纵深的科学知识。	(1)提供丰富的图画内容，增加趣味性，增进儿童对科学知识的理解； (2)允许通过手机扫描与内容进行交互； (3)以故事的形式讲述知识，从日常生活中的有趣现象导入，引导儿童主动探索。

(5)情境识别

情境识别的目的在于在具体情境中挖掘用户的行为和心理，通过清晰、详尽、细致的分析，得到目标用户最本质的需求，挖掘背后隐藏的需求及原因，为做出针对性的设计提供支持。情境识别包括情境罗列、情境分析、功能提炼三个环节，最终形成情境分析工作表(表3-5)。

情境罗列。通过头脑风暴，使用穷举法尽可能多地罗列与任务有关的要素，然后根据所罗列的要素(包括时间、地点、人物、起因、经过、道具、使用条件等)，罗列可能出现的所有情境。

情境分析。对上述可能出现的所有情境，洞察用户在其中可能出现的行为过程、情感体验及心理过程，进行清晰、详尽、细致的分析。同时，一方面寻找原始需求中被关联者反复表述且有待产品去解决的问题和期望；另一方面寻找能满足用户在尊重、自我实现等高层次需求方面的情况。

　　功能提炼。从上述情境描述分析中，得到设计启发，提炼解决需求可能涉及的功能、规则、特征或注意事项，填入情境分析工作表，为后续的解决方案提供建议。

表 3-5　情境分析工作表

情境罗列	情境分析	功能提炼
总结		
（情境识别的设计启发）		

备注：典型的学习情境包括课堂听讲、个人自学、研讨性学习、边做边学、基于工作的学习等。

拓展阅读：

全球未来教育设计大赛作品

"小方和影子"的情境识别

　　"小方和影子"是全球未来教育设计大赛中的学生作品。该项目为阅读障碍儿童设计了一本多模态科普绘本。该绘本从小学《科学》课本中光影的抽象物理概念切入，通过多种有趣的交互方式，帮助阅读障碍儿童理解科学知识。项目组根据用户需求，分析了两个主要的应用情境。

"小方和影子"原型设计的情境分析工作表

情境罗列	情境分析	功能提炼/设计启发
时间：放学后 地点：家中 人物：阅读障碍儿童与家长 事件：阅读障碍儿童回家后，家长希望提升孩子的学业水平，因此选择绘本辅助儿童学习。	家长辅导儿童阅读，儿童与家长有了更多的亲子交互活动，感受到被关心，对于书中的知识理解得更加深入；但是因为家长无法精准掌握儿童的阅读能力及理解能力，无法很好地把握辅导的尺度。普通书籍文字内容多，很难吸引阅读障碍儿童，儿童阅读注意力难以持久。	(1)书籍中的内容应面向多个群体，可以同时包含家长阅读的引导页面与儿童阅读的页面； (2)多模态的设计可以帮助阅读障碍儿童减少文字阅读量，并通过多感官理解抽象的知识； (3)增加可以使亲子获得相同体验的内容，增进亲子情感。
时间：假期 地点：家中 人物：阅读障碍儿童 事件：阅读障碍儿童假期在家通过自主阅读课外书籍学习科学知识。	与在学校学习知识相比，在家中自主学习知识具有较小的学习压力，但是一般的科学书籍以图文为主，难以迅速开展实践。儿童独立阅读学习时，难以获得反馈。	(1)将简单的工具（如棱镜、手电筒、DIY组件等）与书籍相结合，通过视、听、嗅、触等多种途径提升阅读的交互体验，让儿童可以在做中学； (2)在图书中设计引导和反馈模块，方便儿童独立学习。

(6)意义表征

意义表征指在分析构思得到解决方案之后，用表格、思维导图、故事板、文档等多种形式将创意表达呈现。但是在面向概念设计、产品设计和商品设计时，意义表征需要先分别将用户分析、关联者分析、竞品分析得到的设计启发进行构思，再将功能方案进行整合，思考需要设计什么功能、功能从哪里来、功能该如何设计等，相应得到概念设计功能列表(表3-6)、产品设计功能列表(表3-7)和商品设计功能列表(表3-8)。

表 3-6　概念设计功能列表

一级功能	二级功能	功能说明

表 3-7　产品设计功能列表

一级功能	二级功能	功能说明	功能模型图
整体模型图			

表 3-8　商品设计功能列表

一级功能	二级功能	功能说明	竞品评估
方案整体评估			

拓展阅读：

斯坦福大学 ME310 课程中 TEAMO
原型设计的意义表征

综合需求分析、用户分析、关联者分析、情境识别，项目团队从整体目标、核心功能和外观交互三个方面进行了功能设计。

整体目标：TEAMO 的设计目标是在中小学的协作学习活动中，辅助教师完成各小组的协作学习过程监控、管理和干预，让班级协作学习的开展更加便捷，提升学生协作学习效果。

核心功能：围绕整体目标，TEAMO 的核心功能如 TEAMO 的核心功能设计列表所示。

TEAMO 的核心功能设计列表

一级功能	二级功能	功能说明
学习状况的监控	学生学习参与的监控	对小组内不同学生的学习参与程度进行监控,可以记录学生的参与程度,并判断其是否积极地参与了学习活动。
	学生认知状态的监控	对学生的认知状态进行监控,可以记录学生的认知状态,并判断其是否处于合理的认知发展状态。
	学生学习困难的判断	对学生的学习困难(如协作学习无法推进、任务难以完成、小组争吵等)进行监控,并对其严重程度进行判断。
协作过程的管理	协作学习流程的引导	对协作学习的开始、讨论、结束等流程进行合理的引导和控制。
	协作学习参与的促进	对小组和学生未能积极参与的情况进行干预,使学习者更好、更积极地参与到协作学习中。
	协作学习矛盾的调解	对协作过程中小组成员之间情感、关系等之间存在的有碍于有效协作学习的情况进行有效的调解。
学习困难的帮助	学习风险的预警	对于潜在的学习风险向教师予以预警,帮助教师及时给予干预。
	学习困难的求助	对于学生难以解决的困难向教师予以求助。

外观交互:考虑到学生的特点和核心功能,合适的外观交互对于核心功能的设计极其重要。TEAMO 的外观交互功能如 TEAMO 的外观交互功能设计列表所示。

TEAMO 的外观交互功能设计列表

功能类型	具体功能	功能说明
外观	可爱的外观	机器人外观需要符合学生对机器人形象的期待，可爱、有亲和力、卡通。
	适合的材质	机器人的材质要健康，无毒，且其材质和设计不容易让学生受伤。
交互	语言	语音应该清晰、洪亮；用词准确、无歧义；语音应该拟人，降低机器声。
	动作	应该有丰富的交互动作，动作明确，没有侮辱性和侵略性。
	表情	表情应该丰富，能够表达足够的感情并引起学生的注意。

3.2 基于网络的协同设计

学习目标

能够描述协同设计的内涵和组织方式。

3.2.1 协同设计的内涵

20 世纪 90 年代以来，很多国家都关注协同设计技术的研究，启动了一系列的研究项目，也产生了不少计算机支持的协同设计平台或网络化产品协同设计平台。在美国以敏捷化产品开发与制造为主题的大型研究计划 TEAM，以及部分欧洲国家和日本的高技术发展计划(分别为 ESPRIT 计划和 IMS 计划)中，协同设计都是重要的研究内容。美国麻省理工学院的计算机辅助的分布式集成环境(DICE)研究项目建立了基于云的产品设计系统，让设计者更容易协同工作。美国斯坦福大学的并行工程的可扩展框架和方法论(SHARE)项目，支持设计者或团队通过计算机网络共同工作。

我国在相关领域的研究也十分活跃，尤其是在协同设计模式、协同设计核心技术、协同设计平台搭建等方面，取得了系列成果。863/CIMS(Computer Integrated Manufacturing System)重大攻关项目的"面向 CIMS 并行工程集成框架关键技术"和"航天并行工程"，均开展了对并行工程协同工作模式及支持环境的研究。国家自然科学基金重点项目"分布式多媒体信息处理方法学及支撑平台的研究"完成了 SPCSCW（Supporting Platform for Computer Supported Cooperative Work)平台的构建。清华大学研发了一个基于互联网的产品协同设计支持系统——CoDesign Space，为异地协同设计提供了一个虚拟设计平台。教育部委托西安交通大学和华中科技大学成立的"现代设计与制造网上合作研究中心"，在网上资源共享及网上协同产品创新开发方面开展了大量的研究工作。北京航空航天大学基于云制造技术提出了云制造产品协同设计平台架构，这种平台支持分布式企业之间的业务协作，可以有效共享各种资源，如制造、信息、技术以及与产品开发相关的标准化设计资源等，提高资源利用率。

在中国知网(CNKI)中查询"协同设计"主题的论文，从 20 世纪 90 年代开始，论文发表数一直呈上升趋势，而且覆盖计算机、制造、环境、经济、艺术、教育等多个领域，相关的理论也越来越成熟。

协同设计是指为了完成某一设计目标，由两个或两个以上设计主体(或称专家)，通过一定的信息交换和相互协同机制，分别以不同的设计任务共同完成同一个设计目标。①

3.2.2 协同设计的组织方式

按照设计主体的分布范围划分，协同设计模式大概可分为 4 种：1)企业内部跨部门协同设计模式；2)企业间的协同设计模式；3)企业与客户的协同设计模式；4)基于众包平台的协同设计模式。

随着协同设计内涵的丰富和应用领域的扩大，多个相关的概念和方法不断出现，如元设计、参与式设计、集成设计、众包等。

(1)元设计

元设计(Meta Design)方法基于这样一个假设，即未来的问题在设计时不能完全预测。格哈德·费舍尔(Gerhard Fischer)认为，元设计是一种定义并创建社会基础设施和技术底层结构的概念框架，正是在这种基础设施和底层结构中，协同设计以新的形式发生。设计者必须设计"设计过程"，并创造条件使用户参与设计活动。这意味着设计者不应提前设计完整的解决方案，而应侧重设计可供用户参与的开放协同框架，并向用户提供设计方法和技术手段，使其能够在其中创建和修改解决方案，并通过共同协作与设计者一起完善框架。元设计的目标，是所有参与者(包括没有特殊计算机技能的普通用户)都能为问题负责，并积极参与解决问题。

① 田凌、童秉枢：《网络化产品协同设计的理论与实践》，载《计算机工程与应用》，2002(5)。

有学者提出促进用户持续参与元设计的一些条件：让用户成为联合设计师；提供协同平台让用户互相分享并整合他人方案；新参与者能够参与合作，并获得认可；控制权的分配取决于用户的参与程度；建立奖励和认可制度。[1]

(2)参与式设计

参与式设计(Participatory Design)的前提，是参与者拥有一定的相关能力，也就是说参与者应该是能够帮助完成设计目标的专业人士。在设计过程中，参与者将组成设计团队，参与需求确定、问题分析、产品开发等一系列环节。

参与式设计广泛应用于各个领域，如软件设计、城市设计、建筑、景观设计、产品设计、平面设计以及医学领域。在软件设计领域，参与式设计形成了不少经典工作流程，大大提高了效率。在教育领域，参与式设计被引入教学设计中，形成了参与式教学设计方法。美国教学设计专家巴纳锡(Bela Heinrich Banathy)从设计未来的假设出发，区分出四代设计方式：第一代是"按指令设计"(Design by Dictate)；第二代是"为决策者的设计"(Designing for)；第三代是设计者与决策者"一起进行的设计"(Designing with)，或者"设计者指引的设计"(Designer Guided)；第四代是"置身于其中的设计"(Designing within)。第四代设计理念要求所开发的系统必须由那些处于其中的人、利用这些系统的人以及这些系统所

---

① 　Ye Yunwen，Fischer Gerhard，Designing for Participation in Socio-Technical Software Systems，Universal Access in Human Computer Interaction：Coping with Diversity，2007.

服务的人共同设计，即系统中每一个人都是设计的参与者，共同分享设计的权利，共同承担设计的责任。[①]

(3)集成设计

集成设计(Integrated Design)是一种综合性的整体设计方法，它将通常需要考虑的专业知识集中在一起，以期通过考虑所有相关因素来完善设计过程。[②] 举例来说，建筑物的设计需从整体考虑，包括建造工程、结构工程、水电系统、供热系统等，还会涉及建筑生命周期管理以及对使用者的多种考虑。

一般来说，当不同的专业相互依赖或"耦合"时，就需要集成设计。集成设计方法整合了协作方法和工具，以促进不同领域的专家一起工作以达成目标。集成设计的替代或补充方法是有意识地减少依赖关系，这种方法在计算机科学和系统科学中被称为松散耦合。

(4)众包

众包(Crowdsourcing)是一种协作形式，涉及在一个项目中分享或外包某些任务，由一个合作者团队来执行，而不是传统上通过分包或外包给一个公司来完成。众包的支柱之一是网络，因为通过互联网，可以传播项目、招募合作伙伴、协调资源和完成目标。

众包的特点在于：1)开放式生产，众包开放产品的研发生产过程给外部资源，任何人都可以依靠开源生产

[①] 张广兵：《参与式教学设计：教学设计新趋向》，载《教学与管理》，2010(25)。

[②] Victor Papanek，*Design for the Real World：Human Ecology and Social Change*，Chicago，Pantheon Books，1972，p. 322.

的形式参与众包；2)组织构成的动态性，在线社区是众包的主要组织模式，是一个为实现成员社会性交互而形成的关系网络，会随主体意识或客观约束起始或结束，组织结构依成员参与的深度和广度动态变化；3)物理范围的分布性，众包参与者来自世界各地，通过网络聚集，通过信息技术相互联通，在地理上呈现明显的个体分布式特点；4)参与者的自主性，在线团队参与者不受雇佣关系约束，根据自身需求理性参与创新，代表一种受自我意识驱动的创新认知群。[1]

(5)基于社交媒体的协同设计

社交网络服务(也称社交网站或社交媒体)是一类在线平台，用户可以通过平台与其他有相似兴趣、背景或现实联系的人建立社交网络或社交关系。社交媒体的兴起，改变了个人用户、企业公司的网络互动方式。专业媒体不再掌握完全的话语权，所有人都可以通过社交媒体发表观点，并可能迅速引爆舆论，在互联网上迅速传播给广大受众。与社交媒体的合作为产品、服务的设计和创新提供了新机遇。

基于社交媒体的协同设计，是指在与用户一起设计新产品和服务的过程中应用社交媒体工具和协作实践。它包括早期构思(用户创新)、用户积极参与(参与式设计)、系统化设计过程和方法(以用户为中心的设计)。这种协同设计工具具备发布、评论、多媒体分享和用户档案、评分、投票、即时通信等社交媒体服务支持和其

---

[1]　谭婷婷、蔡淑琴、胡慕海：《众包国外研究现状》，载《武汉理工大学学报（信息与管理工程版）》，2011(2)。

他常见功能。

除了大型公共社交媒体，类似的设计实践过程也常发生在小型社区。在设计和创新过程中，公共社交媒体平台往往不适合特定用途，许多企业开发了基于社交媒体工具的专属设计平台，比如基于微信等社交工具开发的带有社交属性并支持协同设计或办公的平台。

拓展阅读：

协同设计的几种常见方法和工具

协同设计提倡用户参与整个设计过程，并与设计师一起建立服务。用户在他们比较擅长的领域是专家，所以可以成为设计者，但为了承担这个角色，他们必须有适当的工具来表达自己。设计师应该为人们提供相互交流的方式以及相互交流、创新、分享见解和想法的工具。

(1)设计游戏

设计游戏(Design Games)是设计师工作时和与项目方沟通时常用的方式，因为游戏可以建立一个平等的维度，可以涉及广泛的玩家，激发他们参与的积极性，并获得更好的洞察力，有助于使隐性知识浮出水面。

（2）角色扮演

角色扮演（Role Playing）是一种在协同设计过程中经常使用的表现技术，它允许通过演示使用的示例场景来解释服务或产品想法。角色扮演通常需要定义一些角色（如用户、服务员工等），并准备大致的原型或其他材料，以促进表现。

（3）协作素描

协作素描（Collaborative Sketching）是一种快速、经济的工具，基于基本和简单的图纸，鼓励大家的参与。它可以同时发散和解释想法，在团队协同设计期间常被使用。参与者一起在纸上列出他们的想法；任何人都可以用自己的草图来补充或纠正对方的想法；大家也可以一起讨论和发展不同的想法，将最有意义和最有效的解决方案放在一起，以便在项目的实施过程中使用。

（4）问题卡片

问题卡片（Issue Cards）是团队内部用来引导和提供动态交互内容的实体工具。每个卡片可以包含一段感悟、一张图片、一幅画，或者一段描述；任何能够为问题提出新的解释或者能将假设导向不同观点的内容都用卡片形式留存。问题卡片呈现的这些内容可能带来新转折和机遇。卡片的内容需多样且简洁，以保证此工具的成效。

卡内基梅隆大学进行了一项机场安检服务设计，其初衷是构思一项服务使安检通道更加顺畅。确定了项目主要设计标准后（与乘客交流，感觉被控制和跟家人说再见），团队针对每一条标准提出一些概念性的想法。这些想法被记录在卡片上用来与政府部门分享。

（5）粗略原型

粗略原型（Rough Prototyping）的关键在于求快。通过任意材料来构建和模拟原型，以便快速高效地向团队其他成员解释自己目前的想法。它是一个思维可视化工具，可保障团队的所有成员都在谈论相同主题，此外，它还有助于使设计过程更具互动性。

皇家艺术学院（Royal College of Art，RCA）的学生被要求开发与智能街道相关的场景。他们需要进行想法发散，完成原型设计和测试，因此创造了"设计你的街道"的工具，以大量的纸壳和颜料来制作街道原型，以便人们能够通过初步的原型可视化方式了解他们对未来智能街道的想法。

在线的协同设计工具包括：

1）ERP（Enterprise Resource Planning）类平台，知名的开源系统包括 Openbravo ERP、OpenERP 等。此类工具可以帮助多部门团队进行协同生产工作，缩短开发周期，提升协作效率。

2）面向多媒体文件协作和版本管理功能的平台工具，如 CoDesign 设计协作平台、XSHOW、Alienbrain 等。此类工具可以帮助团队合作（包括远程）处理游戏、电影、设计和模拟制作所需的大量数字艺术文件。所有文件都有完整详细的版本历史。通过预览功能，设计人员可以比较文件，并回顾到早期的版本。

3）面向文本文件协作和版本管理功能的平台工具，如 Git、SVN 等代码版本管理工具，以及基于 Git 的在线协作平台 GitHub、码云（gitee.com）等，面向办公文档协作的 OneDrive、腾讯文档、石墨文档等。

小　结

　　NCIP 设计方法包括需求分析、用户分析、关联者分析、竞品分析、情境识别、意义表征六大环节。面对不同的需求、不同的目标，设计实践最终的产出也呈现出包括制品、产品、商品的多层次性，NCIP 设计方法也相应地在"需求分析、情境识别、构思、意义表征"四个核心要素的基础上进行丰富和扩展。该设计方法可以应用在学习、工作、生活的各个场景中。协同设计是指为了完成某一设计目标，由两个或两个以上设计主体（或称专家），通过一定的信息交换和相互协同机制，分别以不同的设计任务共同完成同一个设计目标。目前，协同设计有元设计、参与式设计、众包设计、基于社交媒体的设计等多种组织方式。

> **练习**
>
> 　　基于第 2 章的练习题提出来的教育项目，请从 NCIP 设计方法的六个环节出发，利用相关的表格工具，完整呈现分析过程。

在线阅读材料

1.【中文版】刘德建博士带你一起学习设计方法论，网龙网络公司

2.《设计方法论》电子教材，网龙网络公司

INSTRUCTIONAL DESIGN AND DESIGN-BASED LEARNING

教学设计与基于设计的学习

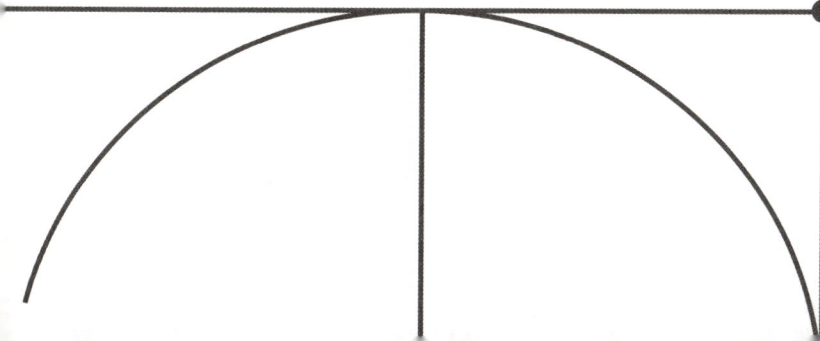

04

对于未来教育的设计，我们可以从不同角度去考虑，比如教学系统设计、教育项目设计、学习环境设计等。国内外的教育、心理、计算机等领域的专家已开展了不少研究，形成了一些方法，比如基于设计的学习、基于设计的研究。在研究过程中，一些专家也开发了适用于不同情境的操作模型，这些操作模型可以应用于我们对未来教育的设计。

本章介绍了教学系统设计的概念，基于设计的学习、基于设计的研究的概念及特征，并对经典模型进行了解读。

内容结构

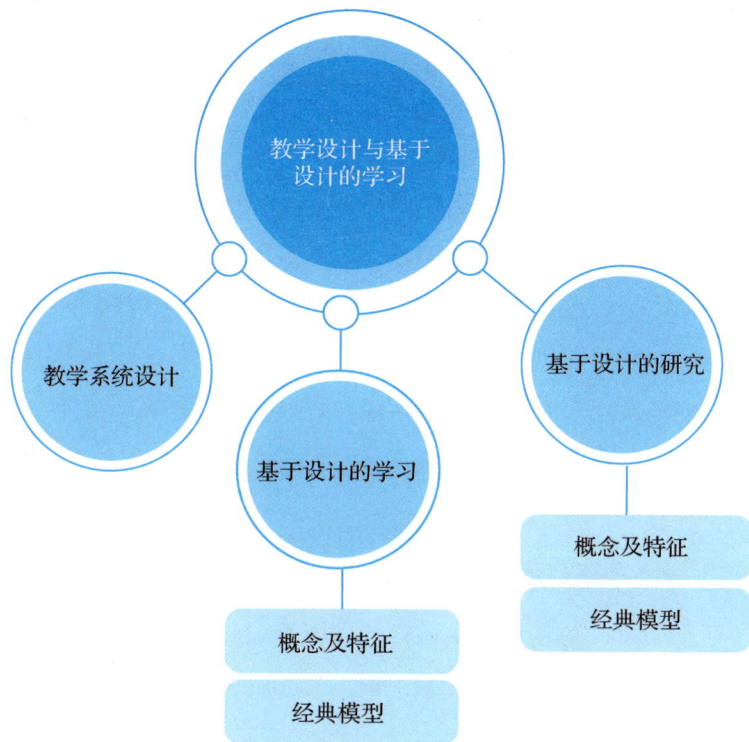

教学设计与基于设计的学习

教学系统设计

基于设计的学习

基于设计的研究

概念及特征

经典模型

概念及特征

经典模型

学习目标

1. 能够描述教学系统设计的概念和 ADDIE 模型的要素。

2. 能够描述基于设计的学习的概念、特征及经典模型。

3. 能够描述基于设计的研究的概念、特征及经典模型。

读前反思

你接触过哪些类型的教育设计？这些教育设计都有什么样的流程？

关键术语

教学系统设计（Instructional System Design）：主要是运用系统方法，将学习理论与教学理论的原理转化成对教学目标、教学内容、教学方法、教学策略和教学评价等环节进行具体计划，创设新的教与学的系统"过程"或"程序"，创设教与学系统的根本目的是促进学习者的学习。

ADDIE 模型（ADDIE Model）：美国佛罗里达州立大学的教育技术研究中心为美国陆军设计和开发的，包括分析（Analyze）、设计（Design）、开发（Develop）、实施（Implement）和评估（Evaluate）五个要素。

基于设计的学习（Learning By Design，LBD；Design-Based Learning，DBL）：由两个代表性学者提出的理论，是指在一种真实的任务情境中，学生通过完成某个特定的设计任务，学习相应的科学知识和技能。

基于设计的研究（Design-Based Research，DBR）：将经验教育研究与理论驱动的学习环境设计相结合，是理解教育创新如何、何时以及为什么在实践中发挥作用的重要方法论。

设计—探究循环模型（Learning by Design's Cycles Model）：基于迭代设计和案例推理的理论开发的适用于

中学生科学学习的模型，由"设计/再设计"和"调查与探索"两个循环部分组成。

反向思维模型（Backward Thinking Model）： 为教师开展"基于设计的学习"提供的框架，由 $6\frac{1}{2}$ 个步骤的循环过程组成，不限于某个学科，应用较为广泛。

4.1　教学系统设计

学习目标

能够描述教学系统设计的概念和 ADDIE 模型的要素。

教学系统设计（简称教学设计）主要是运用系统方法，将学习理论与教学理论的原理转化成对教学目标、教学内容、教学方法、教学策略和教学评价等环节进行具体计划，创设新的教与学的系统"过程"或"程序"，创设教与学系统的根本目的是促进学习者的学习。

教学设计采用系统科学的教学方法，研究对象是教学系统，包括教学活动中的所有要素，最终目的是优化教学效果。教学设计的结果，可能是一门课程的教学大纲，也可能是实施一个教学单元或一节课的教学计划或教案，还可能是相关的教学资源，如纸质教材、电子课本、学习指导手册、测试题等。

教学设计有一些基本步骤，可以借鉴常用的教学设计模型，比如 ADDIE 模型、Dick & Carey 模型、Kemp模型等。

ADDIE 模型最初是美国佛罗里达州立大学的教育技术研究中心为美国陆军设计和开发的，具体包括分析（Analyze）、设计（Design）、开发（Develop）、实施（Implement）和评估（Evaluate）五个要素，如图 4-1 所示。

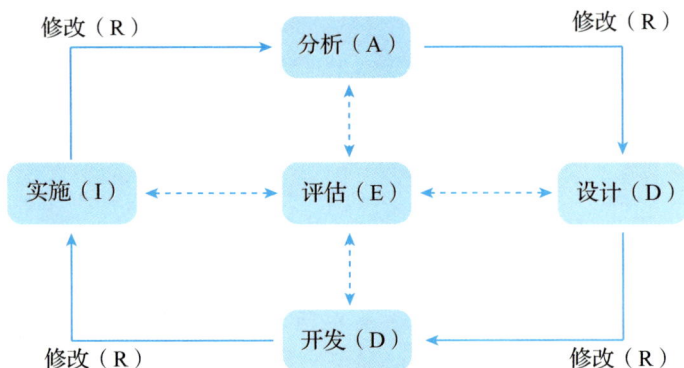

图 4-1　ADDIE 模型

ADDIE 模型是一个框架，是为指导设计人员和培训开发人员所做的通用过程，描述了一个应用于教学设计的过程。[1]

分析：1)首先确定需要，即要利用教学来解决什么问题；2)分析以确定认知、情感与动作技能方面的目的；3)确定期望初学者具备的技能，以及哪些技能会影响学习；4)分析可利用的时间，以及在这段时间内可以实现多少目的。除此以外，有些学者还建议进行情境分析或资源分析。

---

① 　Huang R. ，Spector J. M. ，Yang J. ，*Educational Technology：A Primer for the 21st Century*，Singapore，Springer，2019. p. 137.

设计：1)把课程的目的转换成表现性的结果与主要的课程目标(单元目标)；2)确定所涵盖的教学主题或单元，以及用于每一个主题或单元的时间；3)依据课程目标安排单元顺序；4)充实教学单元，确定每一个单元所要达到的主要目标；5)确定每一个单元的课程内容与学习活动；6)设计出评价学生已习得内容的具体标准。

开发：1)确定学习活动与材料的类型；2)准备学习材料，设计学习活动；3)在目的受众中进行材料与活动的试用；4)修改、精炼、制作材料，安排学习活动；5)开发教师培训或附加材料。

实施：1)购买材料以便教师或学生使用；2)在必要的时候提供帮助与支持。

评估：1)实施学生评估计划；2)实施教学评估计划；3)实施教材维护与修改计划。

4.2　基于设计的学习

> **学习目标**
> 能够描述基于设计的学习的概念、特征及经典模型。

4.2.1　概念及特征

"基于设计的学习"(Design-Based Learning，DBL)也称为"设计型学习"(Learning By Design，LBD)。加州州立理工大学多琳·尼尔森(Doreen Nelson)提出了"基于设计的学习"，美国佐治亚理工学院詹妮特·科洛德纳(Janet Kolodner)提出了"设计型学习"，尼尔森和科洛德纳被认为是"基于设计的学习"的两位关键人物。

科洛德纳认为，在将我们所学的知识运用到实践中或通过语言表达出来之前，需要经过多次循环设计。她基于LBD开展了面向中学生的科学教育实验项目，并进一步将LBD界定为"在一种真实的任务情境中，学生通过完成某个特定的设计任务，学习相应的科学知识和技能"。[①]

尼尔森认为，"基于设计的学习"不是一个程序、一个课程，而是一种方法论，可以帮助 K-12 的教师教授与生活和职业技能有关的课程。教师提供一系列与课程相关的设计挑战，让学生通过讨论、描述、解释和证明等过程，找到解决方案。[②] 她在加州州立理工大学波莫纳分校提供专门的 DBL 硕士学位课程，希望提高 K-12教师实施 DBL 的能力。

还有学者将 LBD 的过程概括为："教师使用设计的任务来挑战学生，让其去创造能够反映主题、概念和标准的有形物体"，并通过"计划、实验、发现、解释、区别、修订和证明"等设计领域的方法和技巧来引导整个学习过程。[③]

荷兰的埃因霍芬理工大学在全校推行该方法，并将

① Puntambekar S., Kolodner J. L., Toward Implementing Distributed Scaffolding: Helping Students Learn Science from Design, *Journal of Research in Science Teaching*, Vol. 42, No. 2, 2005, pp. 185-217.

② Backwards Thinking Explained. https://www.designbasedlearning.org/in-depth/backwards-thinking-explained，2023-10-20.

③ 李美凤、孙玉杰：《国外"设计型学习"研究与应用综述》，载《现代教育技术》，2015(7)。

"基于设计的学习"描述为"一种通过课程和学习项目使学生学会设计的教育模式"。

纵观各类定义，"基于设计的学习"跟"基于探究的学习""基于问题的学习""基于项目的学习"等都有一定的关联，并呈现出自己的特点。

1) **构思性**。"基于设计的学习"的核心是设计和构思，通过设计和构思过程一步步引导学生获得相关的能力。

2) **整合性**。"基于设计的学习"打破了当前很多学校教育中分科课程的弊端，让学生在真实的问题情境中，通过设计的思路和方法，综合应用多个学科的知识来解决问题。

3) **迭代性**。在"基于设计的学习"中，学生需要不断修改他们的设计方案，通常需要不断总结实验经验，在多次循环实验过程中得出最终的解决方案。[①]

4) **反思性**。反思作为一个重要环节体现在"基于设计的学习"中，学生需要不断地讨论、反思、总结经验，并在教师的及时指导下不断调整解决方案。

4.2.2　经典模型

研究者基于不同的教育应用情境，提出了不同的"基于设计的学习"的模型。目前比较典型的就是科洛德

---

① Kolodner J. L.，Facilitating the Learning of Design Practices：Lessons Learned from an Inquiry into Science Education，*Journal of Industrial Teacher Education*，Vol. 39，No. 3，2002，pp. 9-40.

纳等人提出的"设计—探究循环模型"①，以及尼尔森提出的"反向思维模型"②。

科洛德纳基于迭代设计和案例推理的理论，专门开发了适用于中学生科学学习的"设计—探究循环模型"，取得了良好的实践效果。该模型由"设计/再设计"和"调查与探索"两个循环部分组成，体现了迭代性的特点，如图 4-2 所示。该模型把"需要做"与"需要知道"作为连接"设计/再设计"和"调查与探索"两个循环的纽带。也就是说，学习者在"设计/再设计""做"的过程中，如果需要使用科学概念、原理或信息资料来解决问题，就转到"调查与探索"循环，通过"调查—假设"的活动，获得解决问题的方法，然后再回到"设计/再设计"循环中，继续完成"做"的任务。在整个设计任务顺利完成之前，需要多次循环此过程。

尼尔森提出的"反向思维模型"为教师开展"基于设计的学习"提供了框架，而且不限于某个学科，应用较为广泛。该模型由 $6\frac{1}{2}$ 个步骤的循环过程组成，如图 4-3 所示。第一步，思考"我需要教什么"，明确相应的主题、概念和标准。第二步，从课程中确定一个具体问题。$\frac{1}{2}$ 环节是教师向学生提出挑战(这个挑战应该是学生从未见过的)，也是学生正式进入"基于设计的学习"的开端。第三步，制定评价标准。根据课程、标准和内

---

① Kolodner J. L.，Learning by Design™：Iterations of Design Challenges for Better Learning of Science Skills，*Cognitive Studies*，Vol. 9，No. 3，2002，pp. 338-350.

② Backwards Thinking Explained. https：//www.designbasedlearning.org/in-depth/backwards-thinking-explained，2023-10-20.

容列出"不想要的"和"必须要的",为学生提供"脚手架",并做好评价的计划。第四步,学生动手试验。学生可以通过构建 3D 模型来形成解决方案,学会陈述"怎么做"和"为什么这么做"。学生应该得到教师的反馈,并根据预设的标准进行自我评价,同时该步骤也强调反复的演讲和讨论。第五步,教师教授指导课程,学生通过读、写、算、画图等方式学习新知识。第六步,学生修改设计。基于前面的设计过程应用教师教授的知识,重新建构模型,并进行总结和评价,形成对基本知识和原理的理解。

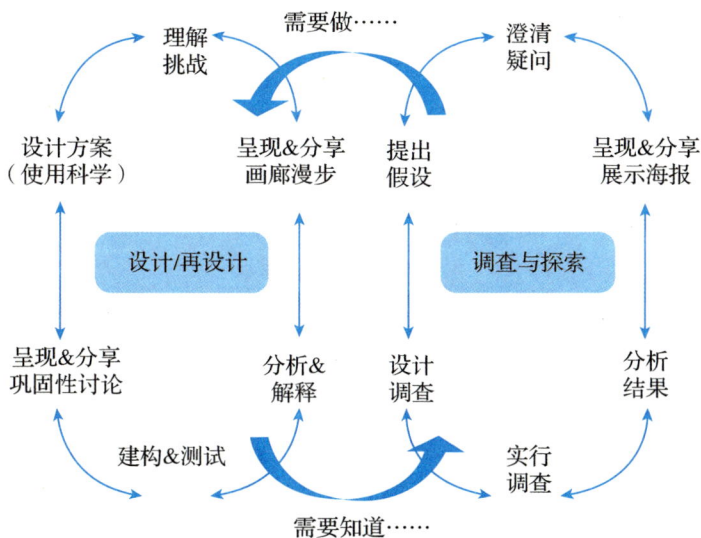

图 4-2 设计—探究循环模型

布鲁姆的教学目标包括知道、领会、运用、分析、综合、评价。尼尔森认为,大多数教学和学习都是从低级别的目标"知道"开始的,也就是教师先教基本事实、基本知识。"反向思维模型"则是从高级别的目标开始的，教师先制定评价标准，在学生自己探索之后，再传授知识。

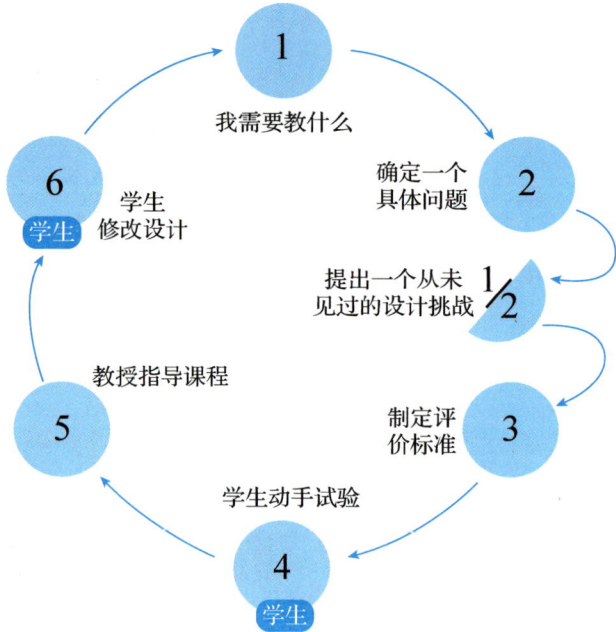

图 4-3　反向思维模型

拓展阅读：

基于设计的科学学习循环模型

有两个比较经典的基于设计的科学学习循环模型，它们分别是美国匹兹堡大学的索南·阿佩多(Xornam S. Apedoe)等人开发的设计科学循环(学习循环)[Design-Science Cycle(Learning Cycle)]模型和美国密歇根州立大学的福尔图斯(Fortus D.)等人开发的基于设计的科学学习循环(Design-Based Science Learning Cycle)模型。

(1)设计科学循环(学习循环)模型

该模型将重心从设计目标转向科学目标,最后回归设计目标。学生从"创造设计"开始,提出一个设计想法并进行尝试。在"评价结果"环节,学生观察他们的设计是如何发生作用的。"推理原因"主要讨论他们为什么会观察到上面的结果,考虑设计是否成功了。之后,学生会提出一些方法来系统地测试他们之前的推理,然后基于这些数据来分析结果,随后通过讨论的形式来形成结论。最后,学生将自己的设计与更宏大的概念关联起来,进一步提升自己的收获。[1]

(2)基于设计的科学学习循环模型

该模型按照五个相互关联的环节组织实施,以设计制品为活动开展的主线,将所有课程活动情境化。整个学习活动是一个迭代的过程,但在实际的学习过程中,人们并不是按照箭头所指的方向使每一个环节按部就班地进行,而是根据具体需要选择性地跳转到需要的环节。该模型强调通过物化制品及反馈使推理过程在设计循环中具体化和可视化,使学习者掌握的问题解决技能既关注设计技能,又关注科学推理能力。[2]

---

[1] Apedoe X. S., Reynolds B., Ellefson, M. R., et al., Bringing Engineering Design into High School Science Classrooms: The Heating/Cooling Unit, *Journal of Science Education and Technology*, Vol. 17, No. 5, 2008, pp. 454-465.

[2] Fortus D., Dershimer R. C., Krajcik, J., et al., Design-Based Science and Student Learning, *Journal of Research in Science Teaching*, Vol. 41, No. 10, 2004, pp. 1081-1110.

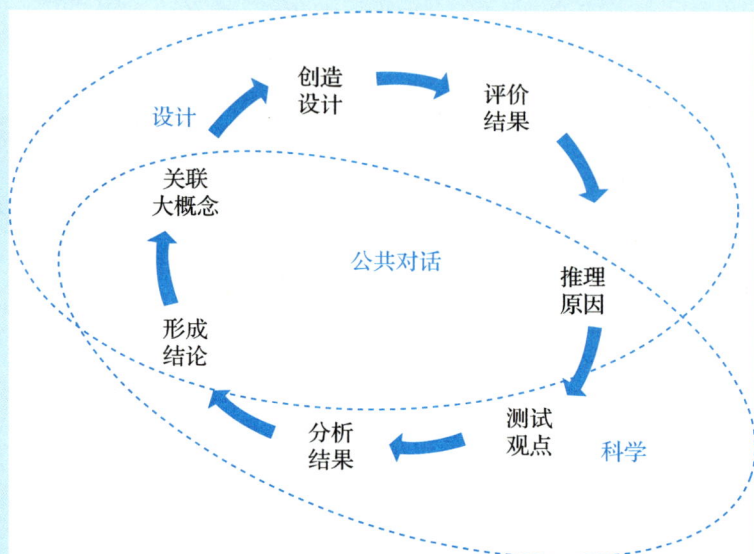

美国匹兹堡大学的学习循环模型

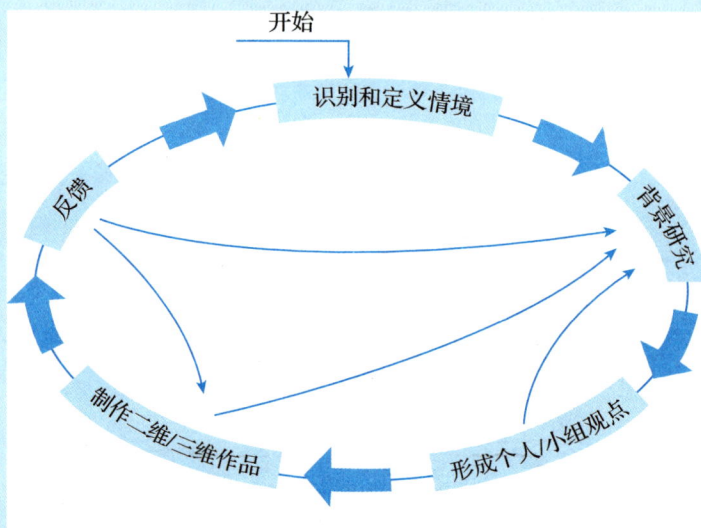

美国密歇根州立大学的科学学习循环模型

4.3　基于设计的研究

学习目标

能够描述基于设计的研究的概念、特征及经典模型。

4.3.1　概念及特征

"基于设计的研究"(Design-Based Research，DBR)由"设计实验"(Design Experiments)一词转化而来，该词由安·布朗(Ann Brown)和阿兰·柯林斯(Allan Collins)在 1992 年的文章中提出。两位学者认为传统基于实验室的研究范式存在一定弊端，应该在学习科学领域创建一种新型学习研究方法论。

布朗认为，我们应该将课堂从学业工厂变为学习环境，应该设计一个用于研究的工作环境，使其作为整体而运行，其中各种输入变量(课堂精神特质、作为研究者的教师/学生、课程和技术等)相互作用，并关注多种输出变量(评估、责任等)，综合考虑对学习理论和实践的贡献。[1] 基于设计的研究联盟认为，DBR 将经验教育研究与理论驱动的学习环境设计相结合，是理解教育创新如何、何时以及为什么在实践中发挥作用的重要方法论，并提出了 DBR 的五个特征。[2]

---

[1] Brown A. L.，Design Experiments：Theoretical and Methodological Challenges in Creating Complex Interventions in Classroom Settings，*Journal of the Learning Sciences*，Vol. 2，No. 2，1992，pp. 141-178.

[2] Design-Based Research Collective，Design-Based Research：An Emerging Paradigm for Educational Inquiry，*Educational Researcher*，Vol. 32，No. 1，2003，pp. 5-8.

可以说，DBR 聚焦于"学习的理解"和有效学习环境的设计，是一种系统地规划和实施创新、强调迭代的设计方法，其产生的解决方案可以是教育产品、过程、程序或政策。

从国内外学者的研究中，我们可以总结出 DBR 具有以下特征[①][②]：

1) **实用性**：关注实用的知识是否在现实世界中发挥作用，是否产生实用的解决方案。

2) **整合性**：涵盖了各种类型的研究方法，需要将多种方法进行整合。

3) **干预性**：需要设计一些人工制品作为革新应用于实践，这些革新对于先前的学习环境来说本质上是一种干预。

4) **迭代性**：通过设计、开发、测试和修订等多个步骤，不断迭代循环。

5) **协作性**：需要多学科合作伙伴的专业知识，强调研究人员、从业者等所有参与者在整个过程中的协作。

一般来说，应用 DBR 的情境包括三类：

1) 面对全新的领域，不知如何开始进行研究；

2) 已有一定的理论，但是这些理论还未被检验；

---

① 吕林海：《论基于设计的研究的主旨、特征及案例简析》，载《教育科学》，2007(5)。
② Huang R.，Spector J. M.，Yang J.，*Educational Technology：A Primer for the 21st Century*，Singapore，Springer，2019，p. 182.

3)以前的系统中存在明显的缺陷。

如果研究领域比较知名，或者该领域的理论与实践都较为完备，或者研究者不具备必需的工具和技能，则不建议开展基于设计的研究。

4.3.2　经典模型

苏珊·麦肯尼(Susan McKenney)和托马斯·瑞斯(Thomas Reeves)提出了"基于设计的研究"的通用模型，该模型被广泛应用在各项研究中。迈克尔·斯佩克特(Michael Spector)等人对该模型做了一些调整，如图 4-4 所示①。调整后的模型主要包括四个部分：分析与探索(Analysis and Exploration)、设计与建构(Design and Construction)、评价与反思(Evaluation and Reflection)、实施与推广(Implementation and Spread)。

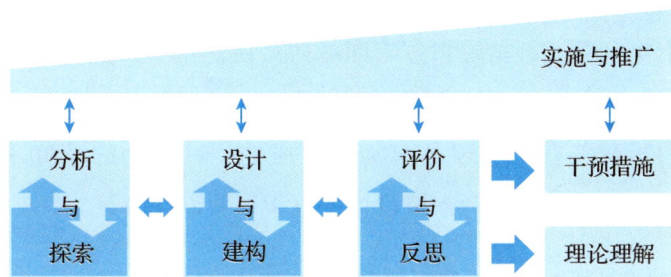

图 4-4　"基于设计的研究"的模型

该模型有三个核心阶段。

第一个阶段是分析与探索。这个阶段主要是对问题

①　Huang R.，Spector J. M. ，Yang，J.，*Educational Technology：A Primer for the 21st Century*，Singapore，Springer，2019. p.182.

的识别和诊断，通过调查研究者和从业者来陈述问题、分析研究问题，并进行文献综述，主要产品既有实用价值，也有理论价值。从实践的角度来看，这一阶段产生了对问题及其根源的清晰理解，以及对长期目标的明确说明。此外，部分设计要求是通过探索现有的机会和边界条件来确定的，而最初的设计主张是基于对上下文的洞察而产生的。从理论的角度来看，这一阶段是对给定的问题的描述性和分析性的理解。

第二个阶段是设计与建构。它要求遵循一个连贯的过程并记录下来，以产生对问题的（试探性的）解决方案。与其他两个主要阶段不同的是，设计与建构的微观周期与创建（而不是测试）概念模型的微观周期类似。设计是指对问题产生潜在的解决方案，制定出指导设计干预的原则草案。建构是指将设计理念应用到实际指导解决方案的过程中。这一阶段的结果是一个研究方案，其中包括干预、实施和方案评估的方法的细节，因为它在很大程度上构成了研究的数据收集和分析阶段。从实践的角度来看，干预是由构思组成的。从理论的角度来看，该阶段是阐明支撑设计的框架以及设计决策。

第三个阶段是评价与反思。评价是指通过设计或人工干预进行的经验性测试。反思是指对研究和发展（包括理论输入、经验发现和主观反应）中所汇集的各种材料进行积极和全面的思考。通过系统和有机的技术相结合来进行反思是最有益的。经验性测试以及批判性反思发现的结果被用来接受、完善或批判设计文件（如设计框架）中描述的或实际干预（原型）中体现的推测、框架或原则。

该模型主要有两个产出：干预措施和理论理解。这两种产出都会随着时间的推移而更加成熟，并能更适当地或更广泛地适用。干预本身直接有助于实践，并间接有助于理论理解。理论理解是通过微观或中观设计研究产生的。这些实证发现和由此产生的猜想为理论提供了重要的基石，也可以间接地促进实践，因为这些想法可以在专业人员之间共享，并用于建立新的干预措施。三个核心阶段的要素和产出见表 4-1。

表 4-1　DBR 三个核心阶段的要素和产出

DBR 阶段	要素	产出
阶段 1：分析与探索	**陈述问题** · 咨询研究人员和从业人员 · 分析研究问题 · 文献综述	· 声明的问题、介绍基本原理、背景 · 研究问题和评论
阶段 2：设计与建构	**解决方案框架** · 制定原则草案来指导干预 · 提出干预 · 设计原则 **实施干预** · 参与者 · 数据收集 · 数据分析	· 设计原则 · 设计干预 · 干预项目
阶段 3：评价与反思	· 评价 · 批判性反思 · 产品优化 · 干预细化 · 专业发展	· 成熟的干预措施 · 理论理解

小　结

　　教学设计以优化教学效果为目的，采用系统科学的教学方法对教学活动中的所有要素进行设计，是教育领域的关键内容。"基于设计的学习"也称"设计型学习"，具有构思性、整合性、迭代性、反思性等特征。"设计—探究循环模型"关注在一种真实的任务环境中，学生通过完成某个特定的设计任务，学习相应的科学知识和技能。"基于设计的研究"聚焦于"学习的理解"和有效学习环境的设计，是一种系统地规划和实施创新、强调迭代的设计方法，其产生的解决方案可以是教育产品、过程、程序或政策。

> **练　习**
> 　　请以"未来学习"为主题，为中学生设计一门"基于设计的学习"模式的课程。

THE DESIGN OF LEARNING SPACES AND LEARNING APPROACHES

学习空间与学习方法设计

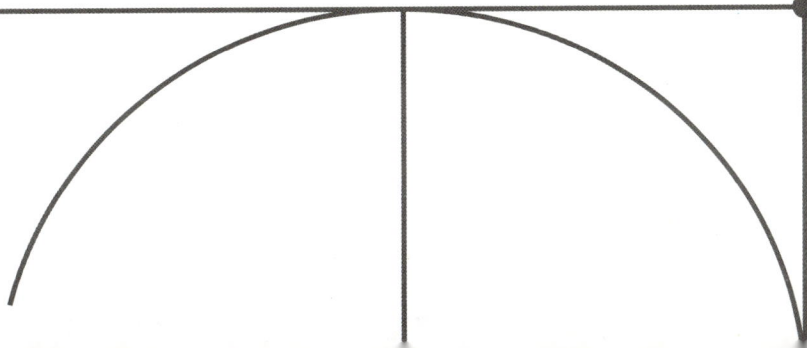

概　述

　　环境影响行为，行为影响绩效。学习空间设计可以为学习者创造个性化和包容性的环境，并更好地支持各种学习活动的开展。不同的学习方法需要遵循不同的设计原则，对学习环境也有不同的要求。

　　本章从学习环境的内涵入手，呈现了学习环境与行为相关的研究成果，启发读者做进一步的研究。本章还通过一系列的案例展示了设计思维在学习空间与学习方法设计中的应用。

内容结构

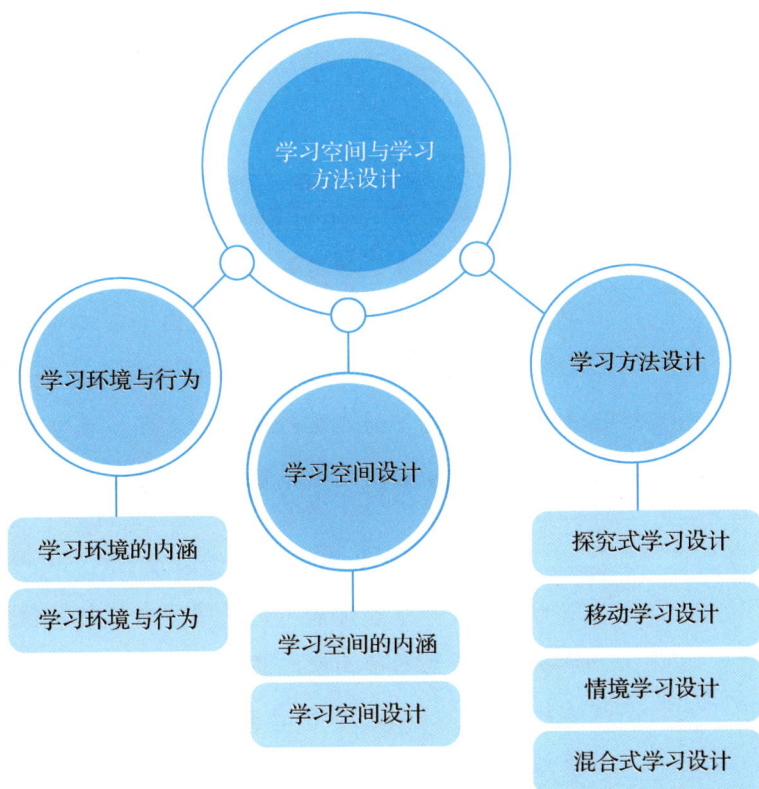

学习空间与学习方法设计

学习环境与行为

学习空间设计

学习方法设计

学习环境的内涵

学习环境与行为

学习空间的内涵

学习空间设计

探究式学习设计

移动学习设计

情境学习设计

混合式学习设计

学习目标

1. 能够阐述学习环境的内涵及构成要素，以及学习环境与行为的关系。

2. 能够阐述学习空间的内涵及学习空间设计应遵循的主要原则。

3. 能够阐述探究式学习、移动学习、情境学习、混合式学习的概念、主要特征及对环境设计的要求。

读前反思

你见过的印象最深刻的"学习空间"在哪里？它具有什么特征？

关键术语

学习环境（Learning Environments）： 指的是不同场域中具有相似发展性任务和特征的学习者，在学习过程中可能与之发生相互作用的周围因素及其组合，既包括不同场域中学习者可能要利用的内容资源和技术工具、可能会产生互动的社群、学习方式等，也包括作为学习活动一般背景的物理情境和社会心理情境。

智慧学习环境（Smart Learning Environments）： 是指一种能感知学习情景，识别学习者特征，提供合适的学习资源与便利的互动工具，自动记录学习过程和评测学习成果，以促进学习者有效学习的学习场所或活动空间。

学习空间（Learning Spaces）： 是指教学和学习发生的地方和与之相关的环境；它可以指室内或室外位置，也可以指物理或虚拟环境。

心理社会学习环境（Psychosocial Learning Environments）： 包括三个子维度，即个人发展、人际关系、系统维护和变化。

物理学习环境（Physical Learning Environments）： 包括三个子维度，即自然性、个性化、刺激。

探究式学习（Inquiry-based Learning）：是一种教育策略，学习者遵循类似于专业科学家的方法和实践来构建知识，它可以被定义为一个发现新因果关系的过程，学习者提出假设并通过实验或观察来测试它们；它也被视为解决问题的一种方法，涉及多种问题解决技能的应用。

移动学习（M-Learning）：是在非固定的、非预先规划的时间和地点的非正式场所，利用移动设备与虚拟的和物理的世界交互发生的个人的、协作的或者混合方式的任何学习，也包括在正规场景中，利用移动设备促进个体探究和协作。

情境学习（Situated Learning）：是指学生在真实世界中完成真实任务的一种学习方式。该理论认为，文化和社会是人类思维发展中的一种生成力量，而不仅仅是其发展的背景。

混合式学习（Blended Learning）：是一种基于网络环境发展起来的新兴教学策略，这种教学策略通常以虚拟学习环境为基础，通过基于计算机的标准化学习系统为在线学习的内容传递提供支持，促进师生在线交流。

5.1　学习环境与行为

学习目标

能够阐述学习环境的内涵及构成要素，以及学习环境与行为的关系。

5.1.1 学习环境的内涵

目前，人们对学习环境的含义尚未达成一致，学者们依据各种理论提出不同理解，而生态学是一个重要的研究视角。对学习环境有深入研究的迈克尔·汉纳芬（Michael Hannafin）提出，"'环境'意味着一个生态——资源、工具等的集合，它们之间相互依赖而不是相互排斥"。他指出学习环境不仅包括教学材料、评价和技术等，还包括在其中开展学习活动的学习者和教师等，且他们之间还会进行互动，如学习者之间、教师和学习者之间以及学习者和材料之间都会发生互动。[①] 陈琦等人也基于生态观提出了对学习环境的看法："学习环境是指学习者在学习过程中可能与之发生相互作用的周围因素及其组合，它包括学习者可能要利用的内容资源、技术工具，包括可能会发生交往关系的人，如教师、同学等，也包括作为学习活动的一般背景的物理情境和社会心理情境。"[②]学者们对学习环境的理解主要有以下几个方面：1)学习环境是为促进学习者发展特别是高阶能力发展而创设的学习空间，包括物质空间、活动空间和心理空间；2)学习环境是各种支持性力量的综合，包括各种资源、工具、教师的支持、心理环境等；3)学习环境支持以学习为中心

---

① 郑太年、马小强：《学习环境的设计——对话 Michael F. Hannafin 教授》，载《中国电化教育》，2010(2)。

② 陈琦、张建伟：《信息时代的整合性学习模型——信息技术整合于教学的生态观诠释》，载《北京大学教育评论》，2003(3)。

的学习方式。①

　　这些定义主要是从学校教育中学生的视角来解读学习环境的。从个体出生到老年这一终身发展角度来看，不同年龄群体的主要活动场域有所差异，这就大致形成了家庭、学校、社区、职场、公共场所等主要典型场域，以及课堂、学区、场馆和农村等扩展场域。② 学习发生在各个场域之中，场域中的学习环境可以理解为人们基于场域开展学习活动时所对应的学习环境，指的是不同场域中具有相似发展性任务和特征的学习者，在学习过程中可能与之发生相互作用的周围因素及其组合，既包括不同场域中学习者可能要利用的内容资源和技术工具、可能会产生互动的社群、学习方式等，也包括作为学习活动一般背景的物理情境和社会心理情境。学习环境也可以分为正式学习环境和非正式学习环境。正式学习环境一般指学校环境，非正式学习环境一般指生活、工作中涉及的环境。我们的研究不仅要关注正式学习环境，还要关注非正式学习环境。

　　通过环境对个人的影响及其相互作用的研究，我们发现，学习环境对学生的认知、情绪、行为、态度等都有一定的影响。随着信息和通信技术的不断发展，学生对学习环境有越来越高的期待和要求，不少学者提出了关于智慧学习环境的构想。黄荣怀等人提出智慧学习环

---

①　钟志贤：《论学习环境设计》，载《电化教育研究》，2005(7)。

②　庄榕霞、方海光、张颖等：《城市典型场域学习环境的发展特征分析》，载《电化教育研究》，2017(2)。

境应具有以下特征[①]：

1) 智慧学习环境应实现物理环境与虚拟环境的融合。在智慧环境中，对物理环境的感知、监控和调节功能进一步增强，增强现实等技术的应用使虚拟环境与物理环境无缝融合。

2) 智慧学习环境应更好地提供适应学习者个性特征的学习支持和服务。智慧学习环境强调对学习者学习的过程记录、个性评估、效果评价和内容推送；根据学习者模型，对学习者自主学习能力的培养起到计划、监控和评价作用。

3) 智慧学习环境既支持校内学习也支持校外学习，既支持正式学习也支持非正式学习。这里的学习者并不只是校内的学习者，也包括所有在工作中有学习需求的人。

据此，智慧学习环境是指一种能感知学习情景，识别学习者特征，提供合适的学习资源与便利的互动工具，自动记录学习过程和评测学习成果，以促进学习者有效学习的学习场所或活动空间。具体来说，包括八个构成要素：学习资源、智能工具、学习社群、教学社群、学习方式、教学方式、学习者、教师，见图 5-1。

---

① 黄荣怀、杨俊锋、胡永斌：《从数字学习环境到智慧学习环境——学习环境的变革与趋势》，载《开放教育研究》，2012(1)。

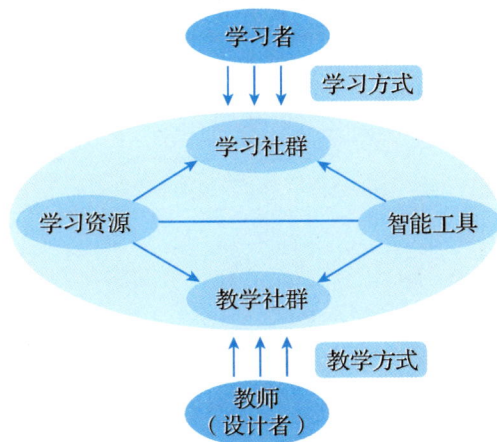

图 5-1　智慧学习环境的系统模型

　　智慧学习环境的八个要素，具有以下特征：

1）学习者和教师通过学习方式和教学方式与其他四个要素相互关联、相互作用，共同促进学习者有效学习的发生。离开了学习方式和教学方式，智慧学习环境就没有意义。

2）有效学习的发生是个体建构和群体建构共同作用的结果。学习社群强调学习者的互动、协作、交流；教学社群是教师共同学习、协同工作、寻求持续专业发展的统一体。

3）学习资源和智能工具同时为学习共同体和教学共同体提供支持。学习社群和教学社群的发展离不开资源和工具的共同作用；同时，学习社群和教学社群为资源和工具的进化起到促进作用。

　　智慧学习环境的技术特征或者功能需求主要体现在

记录学习过程、识别学习情景、感知学习物理环境、联接学习社群四个方面，其目的是促进学习者轻松、投入和有效地学习。TRACE[①] 智慧学习环境功能模型，如图 5-2 所示。

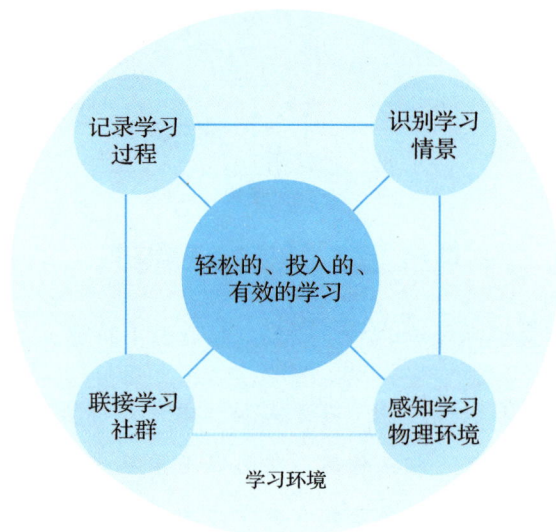

图 5-2　TRACE 智慧学习环境功能模型

1) **记录学习过程（Tracking Learning Process）**：智慧学习环境能通过动作捕获、情感计算、眼动跟踪等感知并记录学习者在知识获取、课堂互动、小组协作等方面的情况，追踪学习过程，分析学习结果，建立学习者模型，这为更加全面、准确地评价学习者的学习效果提供了重要依据。

2) **识别学习情景（Recognizing Learning Scenario）**：智慧

---

① 黄荣怀、杨俊锋、胡永斌：《从数字学习环境到智慧学习环境——学习环境的变革与趋势》，载《开放教育研究》，2012(1)。

学习环境可根据学习者模型和学习情景为学习者提供个性化资源和工具，以促进有效学习的发生；智慧学习环境能识别学习情景，包括学习时间、学习地点、学习伙伴和学习活动，学习情景的识别为教学活动的开展提供了支持。

3）**感知学习物理环境（Awareness of Physical Environment）**：智慧学习环境能利用传感器技术监控空气、温度、光线、声音、气味等物理环境因素，为学习者提供舒适的物理环境。

4）**联接学习社群（Connecting Learning Community）**：智慧学习环境能够为特定学习情景建立学习社群，为学习者有效联接和利用学习社群进行沟通和交流提供支持。

5）**轻松的、投入的、有效的学习（Easy, Engaged & Effective Learning）**：智慧学习环境的目标是为学习创建可过程记录的、可情境识别的、可环境感知的、可社群联接的条件，促进学习者轻松、投入和有效地学习。

基于典型的学习情景，智慧学习环境可分为五种：支持"个人自学"的智慧学习环境、支持"研讨性学习"的智慧学习环境、支持"在工作中学"的智慧学习环境、支持"在做中学"的智慧学习环境和支持"课堂学习"的智慧学习环境。

5.1.2　学习环境与行为

行为到底是由外部力量决定的还是由内部力量决定

的，长期以来存在两种观点：个人决定论和环境决定论。个人决定论强调人的内部心理因素对行为的调节和控制，环境决定论强调外部环境因素对行为的控制。

斯金纳在《关于行为主义》中提到，行为的实验分析直接指向环境中的先行原因。行为主义强调外部或环境因素对个人行为的控制影响。批评者认为它低估了个人的价值，否认"内部因素"（如思想、感受、情绪、归因和恐惧）的影响，只专注于诱发和强化特定行为的环境变量。不少学者认为，在某种程度上行为与环境的相互作用指导我们的发展。从婴儿期开始，行为就展现了这种能力。寻求食物、温暖、爱和亲近是婴儿与生俱来的行为，随着时间的推移，这些与外界交往所需的行为通过不断适应及调整，逐渐发展为外部力量。行为主义提供了一个有组织的以及完整的理解个体生存方式的模型。个人的历史强化在很大程度上负责形成和管理个人的行为。①

美国心理学家班杜拉提出了"三元交互理论"，将环境、行为、人看成相互独立又相互作用从而交互决定的理论实体。所谓交互决定，是环境、行为、人三者之间互为因果，每二者之间都具有双向的互动和决定关系。②1）人的主体如信念、动机等往往强有力地支配并引导其行为，行为及其结果反过来又影响并最终决定思维的内容与形式，以及行为主体的情绪反应；2）个体可以通过自己的主体特征如性格、社会角色等引起或激活不同的

① Strain P. S.，McConnell S. R.，Carta J. J.，et al.，Behaviorism in Early Intervention，*Topics in Early Childhood Special Education*，Vol. 12，No. 1，1992，pp. 121-141.

② 莫雷：《教育心理学》，42 页，北京，教育科学出版社，2007。

环境反应；3)行为作为人与环境之间的中介，是人用以改变环境，使之适合人的需要而达到生存的目的并改善人与环境之间的适应关系的手段，而它不仅受人的需要支配，同时也受环境现实条件的制约。

苏联心理学家维果茨基创立了心理发展的文化历史理论，创建了文化历史学派。他更重视大的社会环境和小的社会环境影响之间的关系，更强调文化和历史的社会因素和个人特点的关系。他主张人的心理活动是社会学习的结果，是文化和社会关系内化的结果，在不同的文化历史环境中，知觉、随意注意、记忆、情绪、思维、语言、问题解决、行为等具有不同的形式。在他的理论的影响下，不少研究者在"学习环境影响社会交往水平"、"学习环境影响问题解决能力"和"学习环境影响学习自主性"等方面进行了实证研究，并认为学校、教室等作为影响儿童心理发展的重要环境应该受到充分的重视。

拓展阅读：

斯金纳的操作性条件作用学习理论[①]

斯金纳是操作性条件作用理论的提出者，并使这一理论对教育实践产生了巨大影响。斯金纳的研究主要集中在行为反应与其后果的关系上，他提出了操作性行为的概念与刺激型条件作用（又称 S 型条件作用）、反应型条件作用（又称 R 型条件作用）两种条件作用。

---

① 莫雷：《教育心理学》，36～41 页，北京，教育科学出版社，2007。

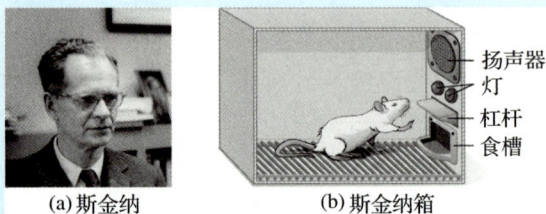

(a)斯金纳　　　　(b)斯金纳箱

斯金纳和斯金纳箱

　　操作性条件作用是根据斯金纳自己发明的一种学习装置"斯金纳箱"做的经典实验而提出的。斯金纳箱内装有一个操纵杠杆，操纵杠杆与另一个提供食丸的装置连接。实验时把饥饿的白鼠置于箱内，白鼠在箱内自由活动，偶然踏上操纵杠杆，供丸装置就会自动落下一粒食丸，经过几次尝试白鼠会不断按压杠杆，直到吃饱为止。

　　这时我们可以说，白鼠学会了按压杠杆以取得食物的反应，按压杠杆变成了取得食物的手段或工具。所以，操作性条件作用又称工具性条件作用。操作性条件作用中的学习，就是刺激情境（操纵杆 S）与压杆反应 R 之间形成固定的联系。

　　斯金纳认为，操作性条件作用与两个基本原则相联系：第一，任何反应如果紧随强化刺激，就具有重复出现的趋向；第二，任何能够提高操作反应率的刺激都是强化刺激。根据这两个原则，与经典性条件作用的 S-R 过程相比，操作性条件作用是

(S)-R-S 的过程。在这一过程中，重要的是跟随反应之后的刺激。

除此之外，斯金纳还提出了操作性条件作用的泛化、分化、强化等概念，并将操作性条件作用学习理论加以广泛应用，如行为塑造、程序教学等，对学习理论领域的研究做出了重大贡献。

近年来，国内外不少学者研究学习环境涉及哪些方面，以及学习环境究竟如何影响学习，研究范围覆盖了学前教育、基础教育、职业教育、高等教育等多个领域。有学者针对与学习环境有关的心理因素和物理因素进行了研究，提出了心理社会学习环境(PSLE)和物理学习环境(PLE)的研究框架。其中，心理社会学习环境包括三个子维度，即个人发展、人际关系、系统维护和变化。个人发展是指个人成长和自我提升的方向，包括学生的自主性和学习内容的亲和力；人际关系指的是学习环境中人际关系的性质和韧性，人们的参与及被接受和支持的程度；系统维护和变化指的是秩序、控制、期望以及其对变化的响应，包括学生和教师的分组、对学习过程的安排和协调。物理学习环境包括三个子维度，即自然性、个性化、刺激。自然性是指影响身体舒适和福祉的环境因素，包括气候条件、光线以及与自然的联系；个性化是指支持学生和教师学习和教学活动的功能方面，包括 PLE 的灵活性、空间之间的联系以及用户对 PLE 的使用和设计的控制；刺激是指刺激学习行为的审美方面，包括 PLE 的复杂性和颜色的使用等。① 该框架可以帮助研究者更细致地观察各子维度之间的关系，以及它们给学习者的行为和心理等方面带来的影响。

不少学者开展了新型教室(如明尼苏达大学提出的"主动学习教室")与传统教室的对比实证研究，研究发现，学习空间的改变对教师教学方式、学生互动方式、学生学习态度、学生学业成绩等方面都有一定的影响。卡萝尔·西蒙·韦恩斯坦(Carol Simon Weinstein)基于对以往的物理学习环境相关研究成果的分析，得出一个结论：环境变量可以间接影响学习者，不同物理环境的影响往往取决于任务的性质和学习者本身。②

戴安娜·奥布林格(Diana G. Oblinger)主编的《学习空间》(*Learning Spaces*)一书，针对学习环境心理学有专门的论述。与课堂设计和学习环境最直接相关的心理学领域包括环境心理学、教育心理学、工程心理学和社会心理学，人们可以从这些视角开展相应的研究。奥布林格认为，所有的学习都发生在一个具有可量化、可感知物理特征的物理环境中，学生会积极地感受、观察和倾听环境信息，物理特征会影响学习者的情绪，产生重要的认知和行为后果。在任何学习环境中，导致身体不适的特征可能会干扰学习；而使人

① Baars S. ，Schellings G. L. M. ，Krishnamurthy S. ，et al. ，A Framework for Exploration of Relationship Between the Psychosocial and Physical Learning Environment，*Learning Environments Research*，Vol. 24，No. 1，2021，pp. 43-69.

② Weinstein C. S. ，The Physical Environment of the School：A Review of the Research，*Review of Educational Research*，Vol. 49，No. 4，1979，pp. 577-610.

产生积极情绪状态的环境可以促进学习，以及学习者对学习空间的情感依赖。

通过大量的文献研究，我们可以看到学习环境（物理环境、社会心理环境、虚拟学习环境等），与学习者的行为（社交行为、学习投入等）存在关联性，继而对学习绩效（学习成绩、身心健康、满意度等）产生影响。

拓展阅读：

未来学校的典型案例

国际上提出了建立未来学校的倡议，并开展了一系列探索，指出未来学校是为第四次工业革命定义的新的教育模式，包括没有教室的学校、没有分科教学的学校和没有教师的学校等形式。

Vittra Telefonplan 是位于瑞典斯德哥尔摩的一所私立学校，是一所"没有教室的学校"，主要有以下几个典型特征。1）创新的空间设计：传统的教室变成了各种开放式学习空间，如非正式学习区、休闲区、探究区以及各种功能区等；2）生活化的学习环境：把工厂改造成车间式的教室，改造成"水吧""营地""实验室""洞穴"等新型学习空间；3）主动的学习环境：每个学生都有一台笔记本电脑，学校鼓励他们利用网络随时随地开展学习，他们在学习过程中可以和同伴合作，也能随时得到教师的帮助；

4)灵活的教学组织：学生按照学习能力分成不同群体，大多采用混龄教学，让不同年龄的学生在同一个小组中学习、游戏和生活，构建了一个与现实生活相似的雏形社会。①

Vittra Telefonplan 学校局部图

HTH学校（High Tech High School）成立于2000年，总部位于美国加利福尼亚州的圣地亚哥市，目前拥有13个校区，包括4所小学、4所初中和5所高中，学生总数达5300人，是一所没有分科教学的学校。与传统学校相比，该校有三方面的典型特征。1)个性化：确保每名学生都受到关注，教师要学会倾听学生，鼓励学生发展自己的特长和兴趣，为每名学生建立追踪性的电子档案袋，记录学生在完成任务中的表现，教师的主要任务不是提高成绩，而是想方设法调动学生的热情完成项目研究；2)共同的智力使命：教育目标不是固定的知识，而是培养学生的思维方式，引导学生了

---

① 曹培杰：《未来学校变革：国际经验与案例研究》，载《电化教育研究》，2018(11)。

解不同观点的视角，注重个人、社会和科学价值的关联；3)连接现实世界：为学生提供真实的任务挑战，这些任务并不追求固定答案，而是完全开放的，所有结论都来自学生的主动探索。[①]

High Tech High School 学习空间局部图

Ecole 42 学校是一所私立计算机编程学校，总部位于法国巴黎，是在线网站和学习中心的统一体，而非正规意义上的学校。它是一所没有教师的学校，主要有如下特点。1)没有教师、课本和教室：学校每年将 800 至 1000 名学生送到巴黎的学习中心，给每名学生配备一台大屏幕电脑；学习全靠自己，在三年到五年的教育过程中，学生以小组为单位，共同完成编程任务，每名学生独立负责任务的一部分。2)学习过程类似闯关游戏：学校通过设置经验值来追踪记录学生的学习进度，学生成功完成任务后得到相应的经验值；为确保任务完成，学生需要互相帮助，学会在协作过程中共同解决问题；每完成一项任务，就会有一个更高级别的任务自动解锁，当学生达到 21 级时就准予毕业。3)学生

---

① 曹培杰：《未来学校变革：国际经验与案例研究》，载《电化教育研究》，2018(11)。

可自由进出学习中心；学习中心每天 24 小时开放，学校还为学生配备了休闲区，供他们学习之余进行放松；没有固定的学期或课程表，学生通常在三年内毕业，但也有学生一年内就通过考核，还有学生需要五年或更长时间。①

Ecole 42 学校局部图

芬兰的"无课桌学校"位于其首都赫尔辛基，中心有一个大的开放区域 Agora（图中的 1），配备了一个大而稳定的圆形沙发单元，带有两层软座椅，可兼作聚会和工作的场所。沿着墙壁是学生的储物柜，以及单独的分组讨论室（图中的 2、3、4）的入口。几个分组讨论室各有特点，讨论室 2 和讨论室 3 较小，讨论室 2 配有软座椅，讨论室 3 配有几张小方桌和健身球；讨论室 4 配有桌椅。讨论室的课桌比一般的课桌轻，椅子都配有轮子。有一个小的教师室（图中的 5），可以用于存储教学材料。每个分组讨论室都有面向 Agora 的窗户墙，一些分组讨论室也被窗户墙（如图中的 6）隔开，一些分组讨论室

---

① 曹培杰：《未来学校变革：国际经验与案例研究》，载《电化教育研究》，2018(11)。

之间有门（如图中的 7），这样学生和教师就可以从一个空间移动到另一个空间，而无须经过 Agora。此外，两个房间之间的墙壁旁边安装了狭窄的桌面和椅子，房间之间的墙壁从腰部到天花板都是玻璃的。[①]

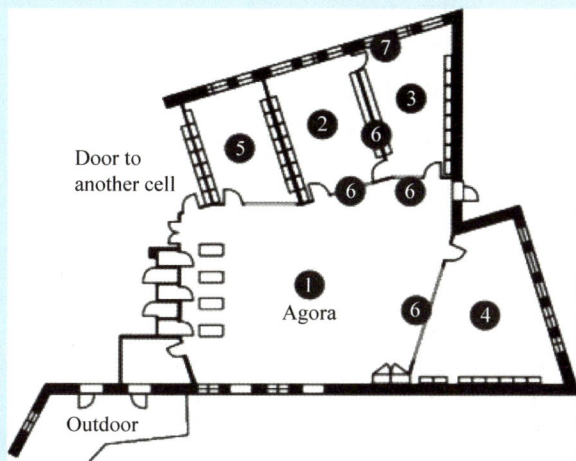

芬兰"无课桌学校"的建筑平面图

5.2　学习空间设计

学习目标

能够阐述学习空间的内涵及学习空间设计应遵循的主要原则。

[①]　Reinius H.，Tiina K.，Kai H.，The Design of Learning Spaces Matters: Perceived Impact of the Deskless School on Learning and Teaching. *Learning Environments Research*，Vol. 24，No. 3，2021，pp. 339-354.

5.2.1 学习空间的内涵

空间是物质存在的一种客观形式，由长度、宽度、高度表现出来，是物质存在的广延性和伸张性的表现。学习空间是指教学和学习发生的地方，以及与之相关的环境；它可以指室内或室外位置，也可以指物理或虚拟环境。《学习空间杂志》提出，学习空间包括正式学习空间、非正式学习空间和虚拟学习空间三种。正式学习空间主要包括普通教室、阶梯教室、实验室、大礼堂等；非正式学习空间主要包括休息室、户外学习区、多媒体沙箱等；虚拟学习空间主要包括各种学习管理系统、社交网站或在线学习环境等。

国际上关于学习空间的研究非常多，尤其是美国、英国、澳大利亚等国家，其研究主要聚焦于，在技术丰富的条件下，如何改造学校的物理空间和教学方式，以便适应新一代学习者的学习需求。

戴安娜主编的《学习空间》一书是近年来关于学习空间研究的代表作。该书汇集了美国知名高校的学习空间案例，具体包括"工作室"教室（the Studio Classroom）、生活学习空间（Living-learning Spaces）、信息共享空间（Information Commons）、协作实验室（Collaboratory）等类型，让学习从教室延伸到宿舍、会议室、图书馆等校园的各个角落。该书指出学习空间对课堂教学和学习实践产生了非常重要的影响，并从对学习的理解、信息技术的最新发展、新一代学习者的变化三个方面论述了学习空间设计和评估的研究方向及趋势。她认为，未来的学习空间应该是灵活的、基于互联网的，在一个无缝的环境中把正式和非正式的学习活动结合在一起。未来学习空间设计的几大趋势为：1)主动学习和社会学习策略(Active and Social Learning Strategies)；2)以人为中心的设计(Human Centered Design)；3)丰富学习的设备(Devices that Enrich Learning)。

　　近年来，关于网络学习空间的研究也越来越多。一般认为，广义的网络学习空间是指运行在任何平台载体之上，支持在线教学活动开展的虚拟空间。而狭义的网络学习空间特指运行在专门的教育服务平台之上，支持在线教学活动开展的虚拟空间。我国近年来通过"三通两平台"来具体落实网络学习空间的建设。"三通"即"宽带网络校校通、优质资源班班通、网络学习空间人人通"，"两平台"即教育资源公共服务平台和教育管理公共服务平台。网络学习空间分为个人空间和机构空间，并集成了公共应用服务和数据分析服务，支持不同角色用户(教师、学生、家长、管理者等)在同一空间中的身份切换，实现"一人一空间"；支持不同角色用户的互联互通，实现信息沟通与数据交换；支持各类公共应用服务的汇聚与调用，实现服务贯通。

拓展阅读：

元宇宙

　　2021 年，"元宇宙"成为年度热词和流行语，引发了各界的热议。人们对元宇宙内涵的理解已经超越了文学作品和宇宙理论中的认知。元宇宙是在线教育发展的新形态，它既是数字化理念，又是数字技术的集成，还是数字空间和数字世界。元宇宙是典型的人造物，不仅需要 VR/AR/MR、触觉互联网、人工智能、区块链、仿真技术等关键技术的支撑，更需要元宇宙相关理论、方法、解决方案、标准等方面的创新与突破。元宇宙与虚拟现实和增强现实有一定的区别，并不完全依赖虚拟现实或增强现实环境，可以在多样化的平台和终端访问。元宇宙不能取代现实世界，而是现实世界映射的虚拟数字空间。教育元宇宙是利用 VR/AR/MR、数字孪生、5G、人工智能、区块链等新兴信息技术塑造的虚实融合的教育环境，是虚拟与现实全面交织、人类与机器全面联结、学校与社会全面互动的智慧教育环境高阶形态。

5.2.2　学习空间设计

根据学习空间的内涵，学习空间设计指的是包括教室、图书馆、室外学习区域、在线学习平台等在内的所有学习空间的设计。学习空间设计应该能够激励学习者，促进他们的学习，支持协作学习等活动的开展，提供个性化和包容性的环境，并能够灵活地满足不断变化的需求。学习空间设计应遵循以下原则①：

1) **支持灵活性**：多个用户和多种使用方式；物理、虚拟和混合学习环境；空间重新分配和重新配置。

2) **适应性和包容性**：所有人都能访问和参与；个性化学习。

3) **支持协作**：合作学习、团队协作；企业、社区、专业人员和专家参与；国家、地方和全球网络，伙伴关系和学习社区。

4) **提升创造力**：参与、创新和学习；社区与环境的和谐。

5) **提高效率**：更快、更深入地学习；可持续、经济高效地使用和交付；有效地管理。

　　肯恩·费舍尔(Kenn Fisher)认为，不同类型的学习活动对学习空间有不同的要求，特定的学习空间会预设、激发、促进特定的学习活动。② 他提出常见的教学活动主要包括讲授、应用、创造、交互、决策五种类型，并深入分析了这五种教学活动的基本属性、教学过程、行为前提、空间布局，如表 5-1 所示。不同的教学法对学习空间的设计有不同的要求，讲授型的教学宜采用"秧苗式"空间布局，应用型的教学宜采用"对称式"空

---

① Huang R.，Spector J. M. ，Yang，J.，*Educational Technology：A Primer for the 21st Century*，Singapore，Springer，2019. p. 155.

② Kenn Fisher，Linking Pedagogy and Space，https：//docslib. org/doc/11409897/linking-peda-gogy-and-space，2023-11-06.

间布局，创造型的教学更适合在"多组圆桌式"的空间布局中开展，交互型的教学则更适合在"圆桌式"的空间布局中进行，决策型的教学采用"会议式"的空间布局比较合适。

表 5-1 教学活动和学习空间设计

教学活动	基本属性	教学过程	行为前提	空间布局
讲授	聚焦于演示；教师控制；学生被动接受	准备演示材料；讲授；评价理解	以教师为中心；教师把信息传递给学生；知识只有一个来源——教师	
应用	一对一；教师和学生交互控制；积极学习	通过演示传递知识；学生进行练习；评定成绩	以学生为中心；认知学徒的模式	
创造	去领导化；平等；分布式认知；积极学习	研究；认识需求；发散思考；深思熟虑；产生创新的成果	创新或知识从抽象转化为产品	
交互	分散的知识；即时传递；积极学习	组织信息；传递信息；接受和解释；确认	分享知识；快速互动	
决策	知识分散；信息共享；领导决策；积极或消极学习	预览信息；形成决策；计划；实施行动	形成决策	

130

大卫·拉德克利夫（David Radcliffe）提出了学习空间设计和评估的"教学法—学习空间—信息技术"（Pedagogy-Space-Technology，PST）框架[①]，如图 5-3 所示。他认为，在社会高度信息化的今天，信息技术、教学法和学习空间三者之间相互作用，在课堂教学过程中需要综合考虑三者的作用关系。信息技术拓展了学习空间，使学习空间不仅包括物理空间，还包括虚拟空间；信息技术增强了教学法，使教师可以采用多种教学手段进行教学；学习空间可以促进教学法，灵活、丰富的学习空间为教师的教学提供了多种选择，也可促进教师改变教学方法，提高教学效率和教学效果。

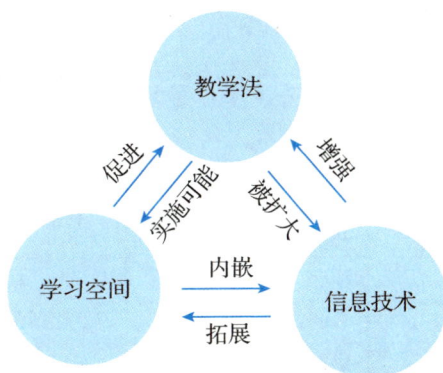

图 5-3　PST 框架

学习空间设计不仅需要考虑采用的技术和教学法，还需要充分考虑学习者的特征。马尔科姆·布朗（Malcolm Brown）根据新型学习者的特征，提出了学习空间设计的方案以及技术配置的情况，如表 5-2 所示。新型学习者通

[①]　Radcliffe D.，A Pedagogy-Space-Technology（PST）Framework for Designing and Evaluating Learning Places，In Next Generation Learning Spaces Colloquium，The University of Queensland，Brisbane，2009，pp. 11-16.

常由数字土著(Digital Native)、千禧一代(Millennials)、网络一代(Net Generation)等术语表述，主要指在网络和数字环境下成长起来的一代，他们的生活方式、工作方式和学习方式都发生了较大变化。布朗在总结关于新型学习者的研究之后，认为新型学习者具有"小组活动倾向、目标和成就导向、多任务导向、实验、高度依赖网络、重体验、喜欢视觉表达、爱交互"等特征。可根据新型学习者的特征，为学习者提供相关的学习方式，在此基础上对学习空间进行设置，并明确学习空间内技术的配置。

表 5-2　新型学习者的特征与学习空间设计

新型学习者的特征	学习理论原则	学习空间设计	技术配置
小组活动倾向	合作、协作学习	小组合作空间	即时聊天软件、共享屏幕、虚拟白板
目标和成就导向	元认知、形成性评价	及时为学生提供帮助和辅导	电子档案袋、在线形成性测试
多任务导向	主动学习	多种学习工具	无线网接入
实验	多条学习路径	课桌型实验设备	分析和研究的软件
高度依赖网络	多样学习资源	技术与学习空间要素高度整合	技术设施充分支持学习空间的功能
重体验	鼓励发现	实验设备和重要资源	分析和演示的软件
喜欢视觉表达	小组合作环境要素	共享屏幕(LCD或投影)；共享打印机	图片库、媒体编辑、编程
爱交互	竞争和挑战的学习材料	教师及时辅导、学生工作台设备	各种资源

野中郁次郎和竹内弘高提出的 SECI(Socialization, Externalization, Combination, Internalisation)知识转化模型显示，知识创新过程经历了知识组合化、社会化、外化及内化四种转化模式，是依托不同的知识创新空

间，实现知识螺旋上升、循环互动的过程（如图 5-4）。华乃斯和梅洪元基于 SECI 模型将世界一流大学校园空间分为全新的知识创发空间、知识系统空间、知识实践空间、知识对话空间，来承载知识创新各阶段的活动，香港中文大学、斯坦福大学、卡尔加里大学、南卡罗来纳大学等都有这方面的案例。[①]

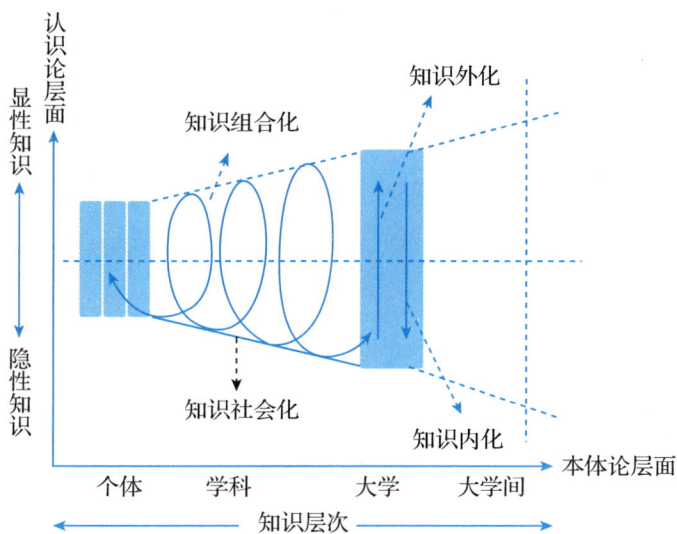

图 5-4　SECI 模型揭示的知识创新过程

拓展阅读：

智慧学习环境设计案例

（1）明尼苏达大学的"主动学习教室"[②]

明尼苏达大学的学习环境设计项目最有特色，在学习空间评估，尤其是教室空间评估方面作了很

[①]　华乃斯、梅洪元：《知识创新时代世界一流大学校园空间设计研究》，载《当代建筑》，2021(8)。
[②]　杨俊锋、黄荣怀、刘斌：《国外学习空间研究述评》，载《中国电化教育》，2013(6)。

多有益的尝试。自 2007 年开始，明尼苏达大学受布什基金会(Bush Foundation)的资助，开展了关于"主动学习教室（Active Learning Classroom, ALC)"影响的研究。由同一个老师，在同一个时间段(不同的教学周)，采用相同的教学材料、教学法、教学活动、作业和评价等，分别在主动学习教室和普通教室授课，这样就控制了教学法和学生的变量，使教室的物理环境作为研究的唯一变量。主动学习教室摆放 5 个圆形课桌，9 名同学围坐在一个课桌前；每个圆桌前的 9 名同学可分为 3 个小组，每个小组 3 名学生；每个圆桌配备 3 台笔记本电脑，和投影仪相连，方便同学之间协作。对照的普通教室则是按照"秧苗式"格局布置的教室。

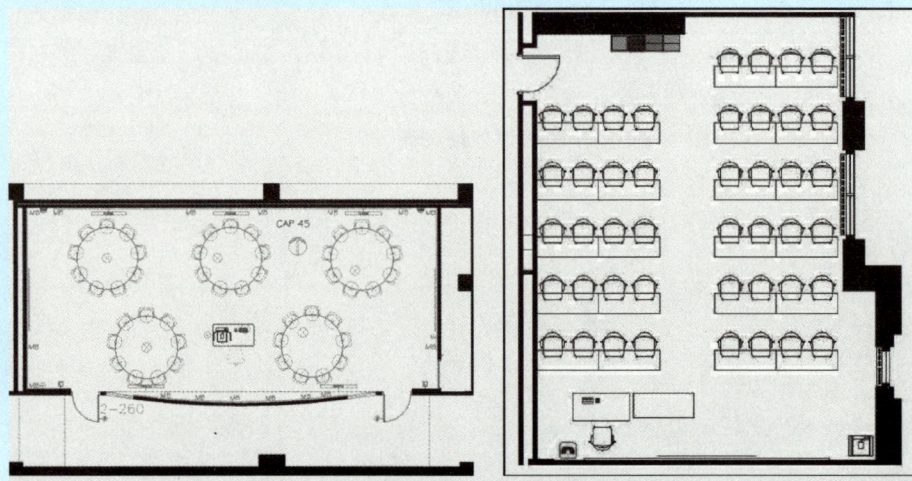

明尼苏达大学的主动学习教室(左)和普通教室(右)

（2）麻省理工学院的 TEAL 项目[①]

为了改善传统物理学的教学方式，使物理成绩不合格率降低，帮助学生理解抽象的物理概念，麻省理工学院于 2000 年提出了技术增强的主动学习项目（Technology Enhanced Active Learning，TEAL），试图打造一个高技术和互动的 TEAL 教室，希望信息技术能激发学生主动学习的热情，营造一个彼此合作和高度互动的教学环境，该项目强调学生动手操作和亲身实践。TEAL 教室包括网络教学系统、3D 立体视觉仿真图形、实验动态仿真、桌上型实验设施，以及个人实时反馈系统。教室内有 13 张圆桌，9 名学生 3 人一组围坐在一张桌子前。每个小组都有一台笔记本电脑和投影仪屏幕。方案评估采用准实验设计，使用历史数据进行比较。TEAL 教室的学生对课程中涉及的复杂现象的理解明显优于对照组的学生。[②]

麻省理工学院的 TEAL 教室设计图

① 杨俊锋：《面向数字一代学习者的智慧教室设计与评价》，37~38 页，北京，中国社会科学出版社，2017。
② Adedokun O. A.，Parker L. C.，Henke J. N.，et al.，Student Perceptions of a 21st Century Learning Space，*Journal of Learning Spaces*，Vol. 6，No. 1，2017，pp. 1-13.

5.3　学习方法设计

学习目标

能够阐述探究式学习、移动学习、情境学习、混合式学习的概念、主要特征及对环境设计的要求。

5.3.1　探究式学习设计

探究式学习(Inquiry-based Learning)植根于约翰·杜威(John Dewey)的教育哲学，认为教育始于学习者的好奇心。探究式学习是一种以学生为中心的主动学习方法，专注于提问、批判性思维和解决问题。它可以被定义为一个发现新因果关系的过程，学习者提出假设并通过实验或观察来测试它们。在这一概念下，常常被提及的有项目式学习和基于问题的学习。一般认为，项目式学习和基于问题的学习都属于探究式学习范畴，项目式学习被认为是一种特殊类型的基于探究的学习，注重通过解决真实世界中的真实问题来增强学习体验。[①] 约瑟夫·科瑞柴克(Joseph S. Krajcik)和布卢门菲尔德(Blumenfeld)认为项目式学习使得学生有机会提出和提炼问题，基于问题去设计、调查、收集、分析、解释信息和数据，然后基于数据分析得出结论、形成报告以解决实际问题，从而构建知识。[②] 相对于基于问题的学习，项目式学习更加强调项目的产出，学习的结果可能指向一

---

① Kokotsaki D. , Menzies V. , Wiggins A. , Project-Based Learning: A Review of the Literature, *Improving Schools*, Vol. 19, No. 3, 2016, pp. 267-277.

② Krajcik J. S. , Blumenfeld P. , Project-Based Learning. *in The Cambridge Handbook of the Learning Sciences*, Edited by Sawyer R. K. , New York, Cambridge, 2006, pp. 317-334.

个产品，比如一个飞机模型、一个石墨烯材料的自行车架或者一个电脑芯片。

在探究式学习的课堂上，学习环境需要提供更多的支持或明确的指导，使学生能够提出建设性的意见，并通过向他们介绍评价的标准来鼓励他们参与评价活动。[1] 探究式学习环境的设计原则主要包括以下几点[2]：

1) **真实性原则**：提供真实的或者接近真实的环境，让学生产生强烈的沉浸感；同时要包含复杂的问题情境，让学生参与真实的科学发现过程。

2) **开放探索原则**：允许学习者基于问题情境开展自由探索，建构解决方案并实施，同时要在不同探索阶段提供针对性指导。

3) **关键决策点原则**：提示学习者思考在这种情况下他们将要采取的行动并及时呈现决策结果。

4) **问题空间原则**：要创设问题空间，明确解决这类问题需要限定的规则、概念。

5) **专家反馈原则**：在学习体验中或结束后专家或指导教师及时提供反馈意见。

马库斯·佩达斯特（Margus Pedaste）等人通过对以

---

① Wu H. K., Hsieh C. E., Developing Sixth Graders' Inquiry Skills to Construct Explanations in Inquiry-Based Learning Environments, *International Journal of Science Education*, Vol. 28, No. 11, 2006, pp. 1289-1313.

② 张雪、罗恒、李文昊等：《基于虚拟现实技术的探究式学习环境设计与效果研究——以儿童交通安全教育为例》，载《电化教育研究》，2020(1)。

往探究阶段进行分析，建立了新的基于探究的学习框架，该框架包括五个阶段：定向（Orientation）、概念化（Conceptualization）、调查（Investigation）、结论（Conclusion）和讨论（Discussion），如表 5-3 所示。

表 5-3 "探究式学习"框架的阶段和子阶段①

一般阶段	定义	子阶段	定义
定向	通过问题陈述激发对某个主题的好奇心并解决学习挑战的过程。		
概念化	陈述基于理论的问题和/或假设的过程。	质疑	基于所述问题产生研究问题的过程。
		假设生成	产生关于所述问题的假设的过程。
调查	计划探索或实验，根据实验设计或探索收集和分析数据的过程。	探索	基于研究问题的系统的和有计划的数据生成过程。
		实验	设计和进行实验以检验假设的过程。
		数据解释	从收集的数据中获取意义并综合新知识的过程。
结论	从数据中得出结论的过程；将基于数据的推论与假设或研究问题进行比较。		
讨论	通过与他人交流和/或通过参与反思活动控制整个学习过程或某阶段来呈现特定阶段或整个探究周期的结果的过程。	交流	向他人（同学、教师）展示探究阶段或整个探究周期的结果，并从他们那里收集反馈的过程；与他人讨论。
		反思	描述、批评、评估和讨论整个探究周期或特定阶段的过程；内部讨论。

定向侧重于激发与当前问题相关的兴趣和好奇心。在这个阶段，学习主题由具体情境引入或由教师给出，

① Pedaste M.，Mäeots M.，Siiman L. A.，et al.，Phases of Inquiry-Based Learning：Definitions and the Inquiry Cycle，*Educational Research Review*，Vol. 14，No. 1，2015，pp. 47-61.

或由学习者定义。主要变量在定向阶段确定，其结果是
问题陈述。

概念化是理解属于所述问题的一个或多个概念的过
程。它分为两个子阶段，质疑（Questioning）和假设生成
（Hypothesis Generation）。这些子阶段产生了相似但可
区分的结果：质疑产生了一个研究问题或更开放的关于
某个领域的问题，而假设生成则形成了一个可检验的假
设。一般来说，假设是一个陈述或一组陈述的表述，而
提问是可调查问题的表述。因此，概念化阶段的结果是
研究问题或要研究的假设，或两者兼而有之，如果首先
制定研究问题，那么基于这些问题产生假设。

调查是将好奇心转化为行动以回应所述研究问题或
假设的阶段。调查的子阶段是探索（Exploration）、实验
（Experimentation）和数据解释（Data Interpretation）。学
生通过改变变量值来探索/观察、设计不同的实验、做
出预测并解释结果。一般来说，探索是进行调查的一种
系统方式，目的是发现所涉及的变量之间的关系。此时
无须陈述假设，但仍需要做计划以节省资源（如时间、
材料、金钱等）。实验专注于为具有特定时间线的实验
制订和应用战略计划，它是从假设生成阶段开始的，在
这种情况下，将收集用于检验假设的证据，并在计划实
验时定义进行实验时的变量。探索和实验都涉及调查活
动的设计和实施，中间结果是探索或实验的设计或计
划，其间将收集数据。数据解释的重点是从收集的数据
中获取意义并建构新知识。调查阶段的最终结果是对数
据的解释（变量之间关系的表述），这将允许回到最初的

研究问题或假设，并就所询问或假设的内容得出结论。

结论是陈述研究基本结论的阶段。在这个阶段，学习者解决他们最初的研究问题或假设，并考虑研究结果是否回答或支持这些问题。它可能会带来新的理论见解。结论阶段的结果是对基于探究的学习的结果、对研究问题或假设的回应的最终结论。

讨论包含交流(Communication)和反思(Reflection)两个子阶段。交流是一个外部过程，学习者向他人展示和与他人交流他们的发现和结论，并从他人那里获得反馈和评论，有时还会听听他人的意见并表达自己的理解。反思是对学习者头脑中的事情进行自我评估的过程，它主要被视为一个内部过程(我做了什么？我为什么这样做？我做得好吗？在类似情况下还有哪些其他选择?)。在这个过程中，可以区分一些活动，如角色扮演、写日记或叙述，以及引导问题，作为对此的支持，这些可以帮助学习者的反思达到特定的质量水平：描述、论证、批评和讨论。因此，反思通常更侧重基于探究的学习过程以及与该过程相关结果的交流。这两个讨论子阶段都被视为发生在两个可能的层面：1)在基于探究的学习结束时交流或反思整个过程；2)与循环中的单个阶段相关。

5.3.2　移动学习设计

移动学习(M-Learning)是在非固定的、非预先规划的时间和地点的非正式场所，利用移动设备与虚拟的和物理的世界交互发生的个人的、协作的或者混合方式的任何学习，也包括在正规场景中，利用移动设备促进个体探究和协作。其内涵主要包括三个方面：1)移动学习不仅仅是使用可便携设备的学习，还应该强调是发生在情境中的学习；2)移动学习不是一种孤立的学习方式，应该同其他的学习方式混合；3)移动学习不应该仅仅意味着向小的屏幕呈现或输送内容，还要关注对学习发生的促进。[①]

从学习的起点、动力、外显行为、内隐行为、外部支持五个方面来看，移动学习应当满足以下五个条件：1)以真实问题为起点；2)以学习兴趣为动力；3)以学习活动的体验为外显行为；4)以分析性思考为内隐行为；5)以指导、反馈为外部支持。[②]

移动学习与其他类型的学习方式相比，有以下五个典型特征：

1)便携性的学习工具、灵活性的学习环境，提供随时随地的学习空间。

2)自主性、个性化的学习方式。学习者可以自己决定学习时间、学习地点、学习方式，选择学习内容和制订学习计划等。

3)学习任务以知识导航为特征、以提出问题解决方案为目的。

---

①　黄荣怀、王晓晨、李玉顺：《面向移动学习的学习活动设计框架》，载《远程教育杂志》，2009(1)。

②　黄荣怀、张振虹、陈庚等：《网上学习：学习真的发生了吗？——跨文化背景下中英网上学习的比较研究》，载《开放教育研究》，2007(6)。

4)学习活动更具有情境性，资源丰富并以真实情境为学习隐喻。移动学习产生了一种新的互动方式，实现了学习者与情境之间的互动。

5)以群体协作和个体探究学习为典型组织形式。超强的交流互动功能是移动设备的重要特性，借助于它的强大动力，学习者可以在完成个体探究学习的过程中，通过不同的方式与世界范围内的各类人群开展群体协作学习。

移动学习的设计过程要贯穿教学设计的思想和方法，同时还要发挥移动技术的优势，重视学习者的移动学习体验。移动学习活动设计应包括需求分析、聚焦学习者、学习场景设计、提供必要的技术环境、约束条件分析和学习支持服务设计六个基本环节。

1)需求分析。虽然在"任何时间"和"任何地点"开展学习活动是移动学习的两个重要特征，但这并不意味着所有的学习都适合以移动学习的方式开展，应尽量避免"为技术而技术，为使用而使用"。

2)聚焦学习者。学习者中心设计非常强调用户的差异性，并认为学习者的学习需要和知识能力结构是变化的。在对移动学习活动的学习者进行分析时，应着重分析用户的日常学习环境，了解用户的学习心理、行为、风格和能力水平，摸清用户对技术的态度、能够使用的技能及潜在困难等。

3)学习场景设计。移动学习活动设计中的学习场景应展示学习活动的全貌，学习者可以在基于现实生活的学习活动场景中，应用移动设备解决真实问题或完成各项实际任务。"以现实生活为基础"和"处于不断的运动变化中"是移动学习活动场景的两个主要特征。

4) 提供必要的技术环境。移动学习应以无线通信技术为主要手段，综合采用多种媒体技术开展学习活动，因此必须将多种设备、设施、软件系统的应用和维护落到实处。移动学习技术环境具体包括基础设施的设计建立和移动学习服务平台的设计两个子任务，基础设施是指网络系统设施及其移动终端设备，而移动学习服务平台是支持移动学习活动开展的虚拟空间。

5) 约束条件分析。移动学习活动设计的约束条件包括对学习效果可能产生影响的一切制约因素，如移动设备的屏幕大小、对移动设备的拥有、无线网络连接、宽带、学习内容的媒体格式、性别、年龄等。

6) 学习支持服务设计。移动学习中的支持服务应是移动学习服务提供机构所提供的关于解决移动学习实施过程中各类问题的信息、资源、人员和设施等与学习者个体或所在组织机构需求紧密相关的服务总和。

上述移动学习活动设计的六个基本环节相辅相成，在不断的循环设计中共同构建了移动学习活动设计模型（又称 MLADM），如图 5-5 所示。

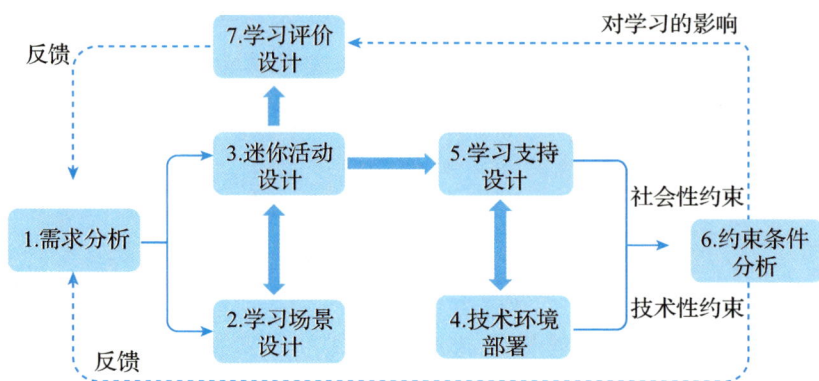

图 5-5　移动学习活动设计模型（MLADM）

　　并非所有的学习活动都适宜用移动学习形式开展，因此，需求分析是移动学习活动设计的首要步骤，目的在于判断特定的学习任务是否都需要以移动学习的形式开展。需求分析结束后，就要进行学习场景和迷你活动的设计，迷你活动由一个或多个子活动组成，旨在提高学习者的知识和技能。在学习者一步步完成学习任务的过程中，可以根据学习者的表现评估这些迷你活动的完成效果。设计完成迷你学习活动，并赋予相应的学习场景后，正式进入提供所需技术环境和学习支持服务的阶段。约束条件分析紧随环境设计和支持服务之后，结合移动学习的主要特点，实际设计过程中应着重分析社会性约束和技术性约束。最后，由于约束条件分析会影响学习的最终效果，因此将直接对学习评价造成影响，学习评价和约束分析之间的不断反馈也在整个设计过程中促使前端的需求分析不断细化和完善。

5.3.3　情境学习设计

情境学习(Situated Learning)是指学生在真实世界中完成真实任务的一种学习方式。情境学习强调的重点从个体学习转移到学习活动系统，并强调认识的物理、社会和认识论层面的复杂相互作用。[①]

情境学习理论的知识观认为：1)知识产生于真实情境中，并和工具一样，只有在应用中才可以被理解和发展；2)知识是个体与环境交互作用过程中建构的一种交互状态；3)知识是分散在人们大脑中的，而不是集中在某一专家或教师的头脑里；4)知识分为显性知识和隐性知识，两者之间通过互动、转化而形成完整统一体。

情境学习理论的学习观认为：1)学习是学习者通过与情境的接触、互动选择或决定自身的行为，学习只有被镶嵌于它所维系的情境之中，才会被赋予真正的意义；2)学习是在日常生活中通过参与实践改变理解的过程，是对不断变化的实践的理解与参与；3)学习是一种文化适应及获得特定实践共同体成员身份的过程；4)所有的学习都发生在社会生活中，部分学习存在于社会实践中，但这些实践永远处于生产、再生产、改变和变化的过程中；5)学习者既是知识、观念、人工制品的消费者，也是知识、观念、人工制品的创造者。

---

① Yeoman P.，Wilson S.，Designing for Situated Learning：Understanding the Relations Between Material Properties，Designed Form and Emergent Learning Activity，*British Journal of Educational Technology*，Vol. 50，No. 5，2019，pp. 2090-2108.

拓展阅读：

情境学习环境的关键特征及设计与应用指南①

关键特征	设计与应用指南
1. 提供能反映知识在现实生活中的运用方式的真实情境	1）反映知识能够最终得以应用的物理环境； 2）一种设计，通过"丰富的情境功能可见性"保留现实生活的复杂性； 3）大量的学习资源，以确保从不同视角进行持续检验； 4）一种不对环境进行肢解和简化的设计。
2. 提供真实的活动	1）与现实世界相关的活动； 2）劣构活动； 3）单一的复杂任务，让学生开展调查； 4）为学生提供限定要完成活动所需任务和子任务的机会； 5）为调查提供足够的时间； 6）提供发现相关或相悖信息的机会； 7）协作的机会； 8）能够整合跨学科领域的任务。
3. 提供接近专家执行和过程示范的机会	1）观察专家思考和建模过程； 2）接近不同经验水平的学习者的机会； 3）分享叙述和故事的机会； 4）进入边缘社区/人群中或者观察他们所经历的现实生活片段。
4. 提供多样化的角色和视角	1）从各种不同的观点观察主题的不同方面； 2）通过协作相互表达不同的观点的机会； 3）创建多学科领域交叉的学习环境，通过提供多种基于丰富资源的调查活动，使重复检验得以持续开展。
5. 支持协同知识建构	1）为学生群体，而非学生个体提供任务； 2）将教室布置为同伴或小组的学习环境； 3）建立面向整个小组绩效的适当的激励机制。

---

① 贾义敏、詹春青：《情境学习：一种新的学习范式》，载《开放教育研究》，2011(5)。

续表

关键特征	设计与应用指南
6. 促进反思，以形成抽象思维	1）真实的任务和情境； 2）如果学生需要，为其提供任何学习材料，以供其反思之用； 3）提供学习者与专家进行比较的机会； 4）提供学习者与其他学习者在各不同阶段进行比较的机会； 5）协作学习小组确保学生有意识地进行反思。
7. 促进清晰表述，使隐性知识成为显性知识	1）提供一个包含内在表述机会的复杂任务，而不是结构清晰的任务； 2）协作，与个体认知相比较，小组更能促进社会认知； 3）公开的辩论演讲能促进对学习的清晰表达和辩护。
8. 教师在关键时刻提供指导和"脚手架"，并适时地撤销教师的支持	1）复杂的、开放式的学习环境； 2）不提供固有的支架和直接指导； 3）协作学习，学习者彼此提供"脚手架"和指导； 4）教师在关键时刻为学生提供有效的"脚手架"和指导。
9. 在任务中整合对学习者的真实性评价	1）内容的高仿真性； 2）为学生提供机会，让他们作为执行者，基于已有的知识，展示技艺或制作优秀作品； 3）使学生意识到在与他人合作的过程中付出时间与精力的重要性； 4）复杂的、劣构的挑战，该挑战需要判断，并由一系列任务组成； 5）与活动无缝整合的评价； 6）多维度的学习指标； 7）制定适当的标准，评价多种学习结果的有效性和可靠性。

　　情境学习理论不只在学校教学中得到广泛应用，在非正式教育中也有着巨大潜能。例如，在博物馆课程中设置学习情境，可以进行以下设计：通过互动展品设计增强交互感和参与感；通过技术支持的浸润式环境设计增强置身性和沉浸感；通过多元展览路径设计增加自主

性和控制感；通过将参观者经验与展览主题或展品相联系增强好奇心和关联感；通过角色体验或项目化学习增强真实性和代入感等。[①]

拓展阅读：

第二人生

第二人生（Second Life，SL）诞生于 2003 年，是一种基于互联网的虚拟现实环境，由美国林登实验室（Linden Lab）开发。用户可以通过下载的客户端程序进入"第二人生"。在该系统中，用户被称为"居民"（Resident），每个居民均有一个具有某种形象的虚拟人物，即"化身"（avatar）。居民能搜索、会见其他的居民，形成组织，参与个人或团体的活动，创造虚拟物品，交换虚拟财产。[②]

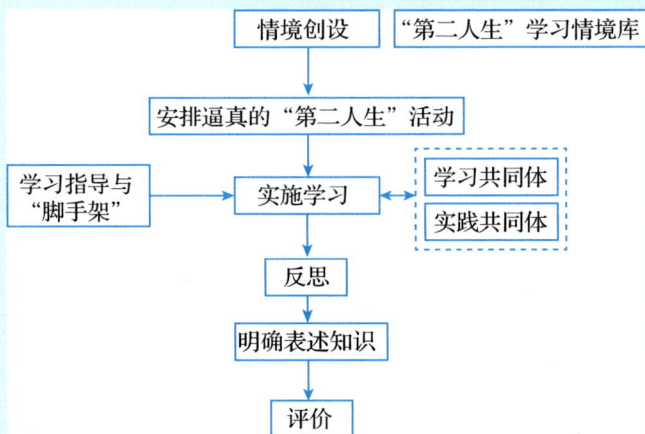

基于"第二人生"的情境学习系统结构示意图

① 王美：《情境学习理论及其对博物馆学习设计的启示》，载《自然科学博物馆研究》，2021(4)。
② 刘革平：《基于 Second Life 的情境式网络学习系统研究》，载《现代远距离教育》，2008(3)。

　　"第二人生"虚拟世界的要素包括用户与化身、用户间交流、用户的动作、经济与地产、创新和版权，它为信息时代的学习、教育提供了积极的、沉浸式的数字化游戏式学习环境。

　　国外一些大学和教育机构已开始使用"第二人生"鼓励师生探索、学习和合作。例如，美国洛杉矶的一个非营利性校外学习中心 EdBoost 是参加"校园：青少年第二人生"项目的首批机构之一，该机构放弃原先的 Python 程序设计学习内容，以"第二人生"为中学生学习程序设计的实验平台，学生利用"第二人生"脚本语言，通过开放式作业，学习创建在游戏环境中能活动的趣味对象，如碰到门，门可以被打开，或者坐上自己设计和制造的摩托车在三维空间中行驶等。在这种学习环境下，学生的学习动机明显增强，计算机编程能力也得到快速提高。

　　在"第二人生"中内容生成工具不是仅对管理员和开发者开放，而是向所有用户开放。这使得学习的含义大大扩展，比如学生可在三维虚拟环境中设计自己替身的外形，开展自发的活动等。[①]

5.3.4　混合式学习设计

　　混合式学习（Blended Learning，BL）可以被视为一种基于网络环境发展起来的"新兴"教学策略。这种教学

[①]　蔡苏、余胜泉：《从 Sloodle 看三维虚拟学习环境的发展趋势》，载《开放教育研究》，2010(2)。

策略通常以虚拟学习环境为基础，通过基于计算机的标准化学习系统为在线学习的内容传递提供支持，促进师生在线交流。虚拟学习环境主要可以为混合式学习提供三个方面的支持，包括向学生提供有关课程各方面的信息，弥补学生课堂学习的不足，以及提供在线学习资源供学生访问浏览。在虚拟学习环境的支持下，混合式学习形成三个方面的主要特征：学习资源提供的灵活性、为个性化学习提供支持、提高教学效率。

混合式学习强调情境学习和活动学习，鼓励学生参与小组的实践学习活动，并和同伴一起以学徒的身份完成实践活动，观察同伴的行为，由此使自己的学习习惯、信念、个性以及技能得到发展。只要能够有利于学生进行有效的深层学习，混合式学习对各种可能的方式采取兼容并蓄的态度。混合式学习设计理论是教育理论和实践发展共同的必然要求，主要体现在三个方面：

1)混合多种学习方式的课程设计是班级授课制的必然要求。混合式学习课程设计将传统课堂教学和在线学习整合起来统筹安排，可以处理课堂教学难以解决的教学问题，包括较难主题的任务设计、为部分学生提供扩展性的学习活动，为学生提供更多的反馈机会等，混合式学习是班级授课制在信息时代新的发展形式。

2)混合式学习设计是促进学生课外学习的需要。混合式学习课程设计可以为学生提供富有亲和力的学习支持，使学生轻松愉快地完成课外学习。夏普(Sharpe)指出，混合式学习课程设计应大体包括以下几个部分：用以指导学习的讲授，课堂面对面的师生交流，关于课程主题的一般性讨论，用于督促、检查学生学习水平的练习题，学生可以在课外合作完成的任务。

3)混合式学习设计是发展学生专业技能的需要。高校应当培养学生在未来工作岗位上所需要的、在就业市场有竞争力的专业技能，混合式学习是相应的培养途径。

　　基于对混合式学习相关理论和现实的认识，黄荣怀提出一种"混合式学习课程设计框架"，如图 5-6 所示，供混合式学习课程人员参考，以完善课程设计。按照这个框架，混合式学习课程设计工作大体可以分为前端分析、活动与资源设计和教学评价设计三个阶段。其中，活动与资源设计是课程设计中最能够体现混合式学习课程特点的环节。①

1)前端分析。这一阶段包括三个方面的工作：学习者特征分析，通过评定学习者的预备知识、学习风格、学习偏好等掌握学习者的相关特征；基于知识分类的学习目标分析，即根据教学内容的实际情况确定学习应当达到的目标；混合式学习的环境分析，把握课程教学所具备的外部环境条件。

2)活动与资源设计。这个阶段的工作由混合式学习总体设计、单元(活动)设计和资源设计与开发三个环节组成。

3)教学评价设计。这是课程设计的第三个阶段，主要通

---

① 黄荣怀、马丁、郑兰琴等：《基于混合式学习的课程设计理论》，载《电化教育研究》，2009(1)。

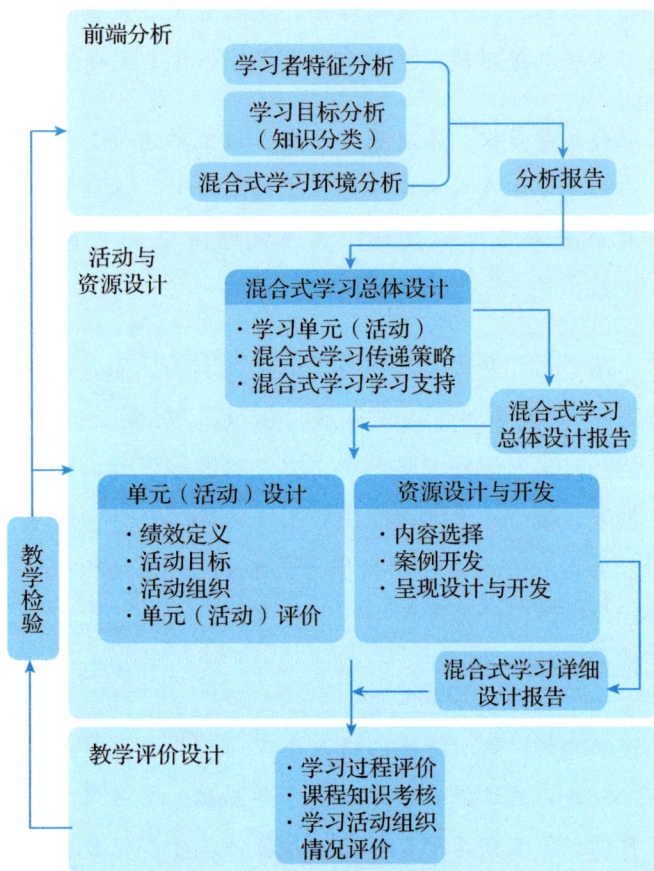

图5-6 混合式学习课程设计框架

过学习过程评价（如使用电子学档）、课程知识考核
（如在线考试）和学习活动组织情况评价等方式对教学
效果进行评价。前面两个阶段所确定的学习活动目
标、混合式学习环境等是进行评价设计的重要依据。

线上线下融合（Online-Merge-Offline，OMO）学习
模式是在新技术推动下产生的一种新型学习模式，依赖
混合基础设施和开放教育实践，实时地将线上和线下

(即物理教室)学习空间融合在一起，使学生在物理教室和在线课堂中体验无缝学习。OMO 学习模式不仅提供了一个通过技术赋能获取知识和资源的学习环境，而且提供了一种与技术紧密结合的学习环境，可以实现教师与线上和线下学生的实时互动。[①] 在 OMO 学习模式中，技术和开放教育资源不仅有助于整个教学过程，而且有利于身处不同学习空间的师生进行互动，为他们提供真实、创新的学习体验。OMO 学习模式至少有五个关键组成部分或特征[②]，如图 5-7 所示：

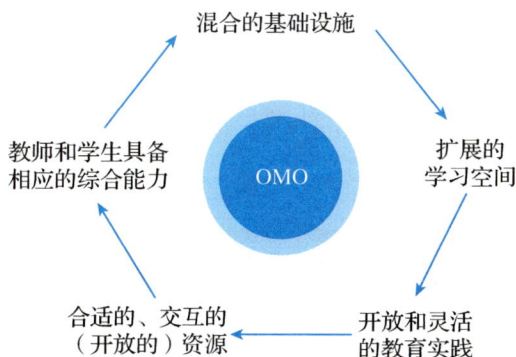

图 5-7　OMO 学习模式的特征

1)建立在具有特定设计要求的混合的基础设施上；

2)无论学生身在何处，都能获得扩展的学习空间；

3)使开放和灵活的教育实践成为可能；

---

①　Xiao J. ，Sun-Lin H.-Z. ，Cheng H.-C. ，A Framework of Online-Merge-Offline（OMO）Classroom for Open Education：A Preliminary Study，*Asian Association of Open Universities Journal*，Vol. 14，No. 2，2019，pp. 134-146.

②　Huang R. ，Tlili A. ，Wang H. ，et al. ，Emergence of the Online-Merge-Offline（OMO）Learning Wave in the Post-COVID-19 Era：A Pilot Study，*Sustainability*. Vol. 13，No. 6，2021，p. 3512.

4）需要合适的、交互的（开放的）资源；

5）需要培养教师和学生的综合能力。

　　典型的 OMO 教室设计如图 5-8 所示，其应具备：1）网络可用性，可连接并访问线上和线下学习空间，线上学生使用 ClassIn X 账号登录，虚拟进入物理教室并与现场学生互动；2）ClassIn X 互动板，教师通过互动板为线上和线下学生授课；3）音响设备，包括接收和传输课堂内学生和教师声音的麦克风等；4）摄像头，线上学生可以用它及时参与课堂互动；5）供选择的平板电脑，学生可以有效开展不同的学习活动。北京师范大学开设的"设计与学习"课程，采用的就是 OMO 教室设计。

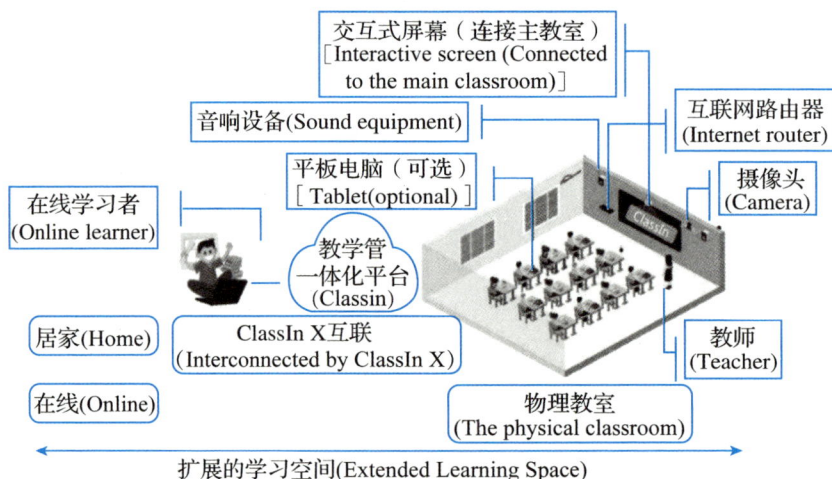

图 5-8　OMO 教室环境设计

小　结

学习环境是指学习者在学习过程中可能与之发生相互作用的周围因素及其组合，既包括学习者可能要利用的内容资源、技术工具，可能会发生交往关系的人，如教师、同学等，也包括作为学习活动的一般背景的物理情境和社会心理情境。学习环境的研究可以从物理因素和社会心理因素两个视角进行。学习环境设计涉及空间、方法、技术等主要方面。其中，学习空间设计需要结合教学活动的目的和学习者的特征进行，需要遵循支持灵活性、适应性和包容性、支持协作、提升创造力、提高效率等原则。学习方法设计需要考虑各种不同应用场景的需求，并结合各种信息技术的特点，应用适合的方法。

练　习

请以"未来教室"为主题，挑选一类学习对象，为他们设计一个面向未来的学习空间。

MAKER SPACE AND
STEAM EDUCATION DESIGN
创客空间与STEAM教育设计

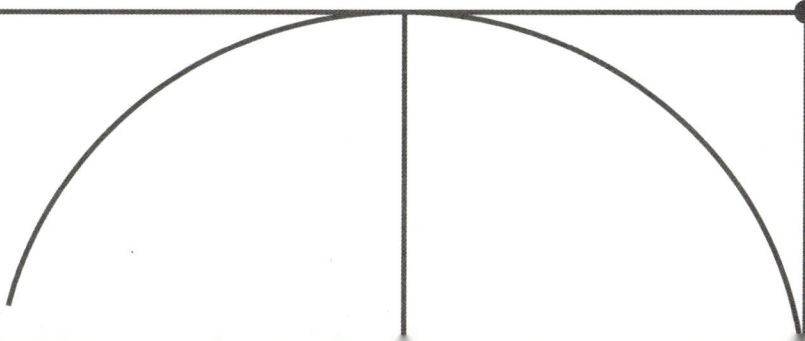

06

概　述

　　通过科技创新教育培养创新型人才，是我国"科教兴国"战略的具体要求。一直以来，各个国家都非常重视科技领域和教育领域的深度融合，开展创新教育实践，培养青少年的创新精神和实践能力，为国家的科技发展提供创新型人才。我国早在 20 世纪 90 年代就实施了中国青年科技创新行动，并以基础教育为依托，通过各种政策来保障科技创新教育的实施。

　　本章从与创新教育相关的理念和政策入手，介绍创客空间和 STEAM 教育设计这两种创新教育的典型实现方式，以及设计思维在其中的应用。

内容结构

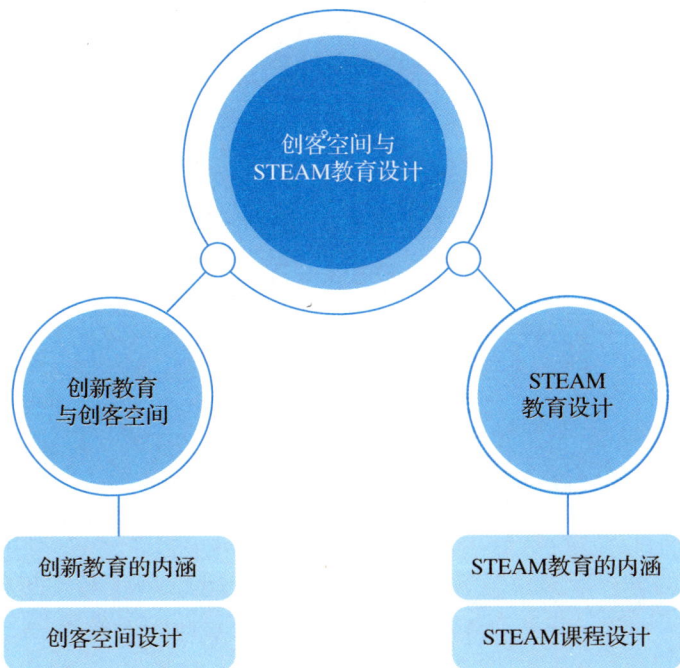

学习目标

1. 能够描述创新创业教育、创客空间设计的内涵和形式。

2. 能够描述 STEAM 教育的内涵、发展过程；能够描述设计思维在 STEAM 课程中的应用案例。

3. 了解 STEAM 课程设计的典型模式。

读前反思

你上过创新创业教育课程、STEAM 课程、创客课程吗？这些课程有什么特点？

关键术语

创新教育 (Innovative Education)： 是以培养人们创新精神和创新能力为基本价值取向的教育。STEAM 教育和创客教育可以被理解为创新教育的两种典型方式和途径。

创业教育 (Enterprise Education)： 可以理解为以开发和提高学生基本创业素质为核心，培养具有开创性个性人才的教育。

创客教育 (Maker Education)： 是一种以培养学习者，特别是青少年学习者的创客素养为导向的教育模式。

创客空间 (Maker Space)： 是虚实融合的个人—集体交互学习空间，基本特征包括：汇聚、活动、合作、分享、兴趣、创新等。

STEAM 教育 (STEAM Education)： STEAM 是科学 (Science)、技术 (Technology)、工程 (Engineering)、艺术 (Art)、数学 (Mathematics) 的英文首字母组合，STEAM 教育模式由 STEM 教育模式延伸扩展而来。

6.1　创新教育与创客空间

学习目标

能够描述创新创业教育、创客空间设计的内涵和形式。

6.1.1　创新教育的内涵

关于创新教育的内涵，朱永新等人认为创新教育是根据创新原理，以培养学生具有一定的创新意识、创新思维、创新能力以及创新个性为主要目标的教育理论和方法，重在使学生在牢固、系统地掌握学科知识的同时发展创新能力。[①] 也有学者认为创客教育和 STEAM 教育是创新教育的两种重要方式。[②]

何克抗认为，中国特色的创客教育就是创新教育，其目标是培养创新人才，创新人才需要具备创新意识、创新思维和创新能力。[③] 1)创新意识：具有为人类的文明与进步做出贡献的远大理想、为科学技术事业的发展而献身的崇高精神和进行创造发明的强烈愿望，主要解决"为什么要创新"和"为谁创新"即创新的动力问题。2)创新思维：形成创新的思想、理论、方法及创新设计的高级、复杂的认知能力。创新思维有 6 个要素：发散思维、逻辑思维、形象思维、直觉思维、辩证思维、横纵思维。3)创新能力：能够把创新的思想、理论、方法及创新设计转化为实际的精神产品或物质

---

① 朱永新、杨树兵：《创新教育论纲》，载《教育研究》，1999(8)。
② 杨现民、李冀红：《创客教育的价值潜能及其争议》，载《现代远程教育研究》，2015(2)。
③ 何克抗：《论创客教育与创新教育》，载《教育研究》，2016(4)。

产品的能力素质。

总的来说，创新教育的核心是培养青少年的创新精神和实践能力，把青少年培养成为创新型人才。尤其是随着新一代科技革命的不断深入，科技创新人才的培养已越来越重要，关系到国家综合国力的竞争优势。

开展科技创新教育，已成为国际社会的共识。在中小学，创新教育更多体现在科学教育上，具体体现为校内的科学课程、信息技术课程、人工智能课程、STEAM 课程、创客课程以及校外各种形式的科学教育等。STEAM 教育和创客教育作为创新教育中的两种典型方式，在培养创新能力方面发挥着重要作用。在高校，创新教育则更多体现在创新创业教育上。

创新创业教育可以追溯到 20 世纪早期，当时美国开设了创业类教育课程。德国于 20 世纪中叶通过"模拟公司"项目创建了当时具有影响力的创业实践教学方法，澳大利亚、日本、印度等国家都开展了创业教育。1989 年，联合国教科文组织召开的"面向 21 世纪教育"国际研讨会，将"创业教育"解释为以开发和提高学生基本创业素质为核心，培养具有开创性个性人才的教育。创业教育成为高等教育发展史上全新的教育理念，被誉为"第三本教育护照"，逐渐频繁出现在人们的视野中。

我国也出台了许多支持大学生创新创业的教育政策及相关扶持政策，这些政策都强调了创新创业教育要面向全体学生，融入人才培养全过程，为国家培养一大批富于创新精神和实践能力的创新创业型人才。
2014 年夏季，李克强在达沃斯论坛上提出"大众创业、
万众创新"之后，创新创业教育得到蓬勃发展。曾骊等
人总结了我国"十二五"以来在创新创业教育方面的成
就，这些成就主要体现在顶层设计、课程开设、学分
制制度改革、人才培养体系改革、政产学研用一体化
等方面。[①]

创新创业涵盖的领域，可以参考美国商务部 2013
年 7 月发布的《创新和创业型大学：聚焦高等教育创新
和创业》(Innovative and Entrepreneurial University：
Higher Education，Innovation & Entrepreneurship in
Focus)。该报告着重阐述了高校创新创业中的五大核心
活动领域：促进学生创新创业；鼓励教师创新创业；支
持大学技术转移；促进校企合作；推动区域与地方经济
发展。

美国的一些知名高校在创新创业教育方面做了一些
积极的探索，构建了创新创业生态系统。由美国斯坦福
大学亨利·埃茨科威兹(Henry Etzkowitz)于 20 世纪 90
年代创立的"大学—产业—政府"三螺旋结构影响了无数
高校。国家的强盛取决于其在科技、经济、教育、政治
等诸多方面的创新，而创新的主体——大学、产业和政
府被经济发展需求的纽带联系在一起，形成了力量交叉
影响、抱团上升的三螺旋。三螺旋理论强调大学、产
业、政府的合作关系，强调区域内的大学可以通过研究

---

① 曾骊、张中秋、刘燕楠：《高校创新创业教育服务"双创"战略需要协同发展》，载《教育研究》，2017(1)。

中心、实验室等建立起与市场经济活动良好的接口，在区域内发挥更大的技术创新辐射作用。

我国也有不少高校在这个理论背景下积极探索适合自身的创新创业体系，比如清华大学深圳研究生院通过"大学—政府—企业"生态网，承继了深圳开拓创新与清华大学"自强不息，厚德载物"的精神，与深圳南山区政府合作创建 i-Space 创新创业平台，其在生态网模式方面的发展卓有成效。

拓展阅读：

中国和美国科学课程标准简介

国家层面的科学教育标准对一个国家科学教育的发展具有引领作用，如中国的《义务教育科学课程标准》、美国的《新一代科学教育标准》（*Next Generation Science Standards*，NGSS）等，为创客教育和 STEAM 教育的开展提供了参考。

中国的《义务教育科学课程标准（2022 年版）》，主要由课程性质、课程理念、课程目标、课程内容、学业质量、课程实施和附录七个部分组成，涵盖了 1～9 年级的科学课程，分设 1～2 年级、3～4 年级、5～6 年级、7～9 年级四个学段。该标准强调科学课程要培养人的核心素养，包括科学观念、科学思维、探究实践、态度责任。该标准提炼了 13 个学科核心概念，并提出了物质与能量、系统与模型、结构与功能、稳定与变化四个跨学科概念。

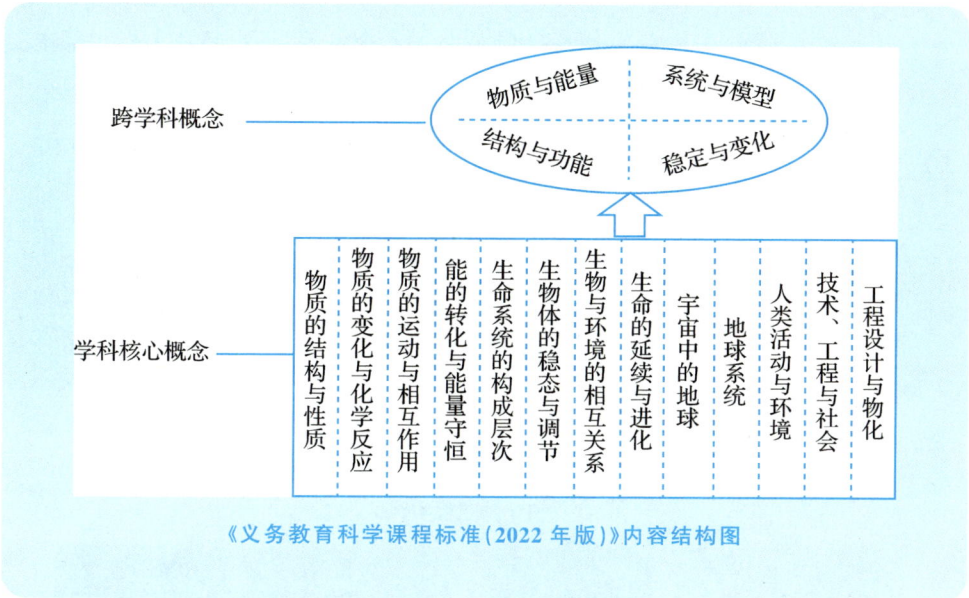

《义务教育科学课程标准(2022 年版)》内容结构图

美国的 NGSS 涵盖了 K-12 年级的科学教育内容,包括科学与工程实践、学科核心概念和跨学科概念三大部分,并用表现期望来描述学生的学业成就,进一步强调了科学学习的联系性、关联性和情境性。(1)科学与工程实践(Science and Engineering Practices),描述了科学家研究自然界,以及工程师设计和构建系统的过程,包含八个方面:a. 提出问题和定义问题;b. 开发和使用模型;c. 计划和实施调查;d. 分析和解释数据;e. 运用和使用数学计算思维;f. 构建和设计解决方案;g. 用证据阐明自己的观点;h. 获得、评价和交流信息。(2)学科核心概念(Disciplinary Core Ideas),描述了学生要学的知识点,包括四个核心领域:物理科学(Physical Science),生命科学(Life Science),地球与空间科学(Earth and Space Science)，工程、技术和科学应用(Engineering，Technology，and Applications of Science)。（3）跨学科概念(Crosscutting Concepts)，帮助学生了解四个领域之间的联系，给学生提供学习视角或思维方式，具体包括：a. 模式；b. 因果：机制和解释；c. 尺度、比例和数量；d. 系统和系统模型；e. 能量和物质：流动、循环和储存；f. 结构和功能；g. 稳定和变化。

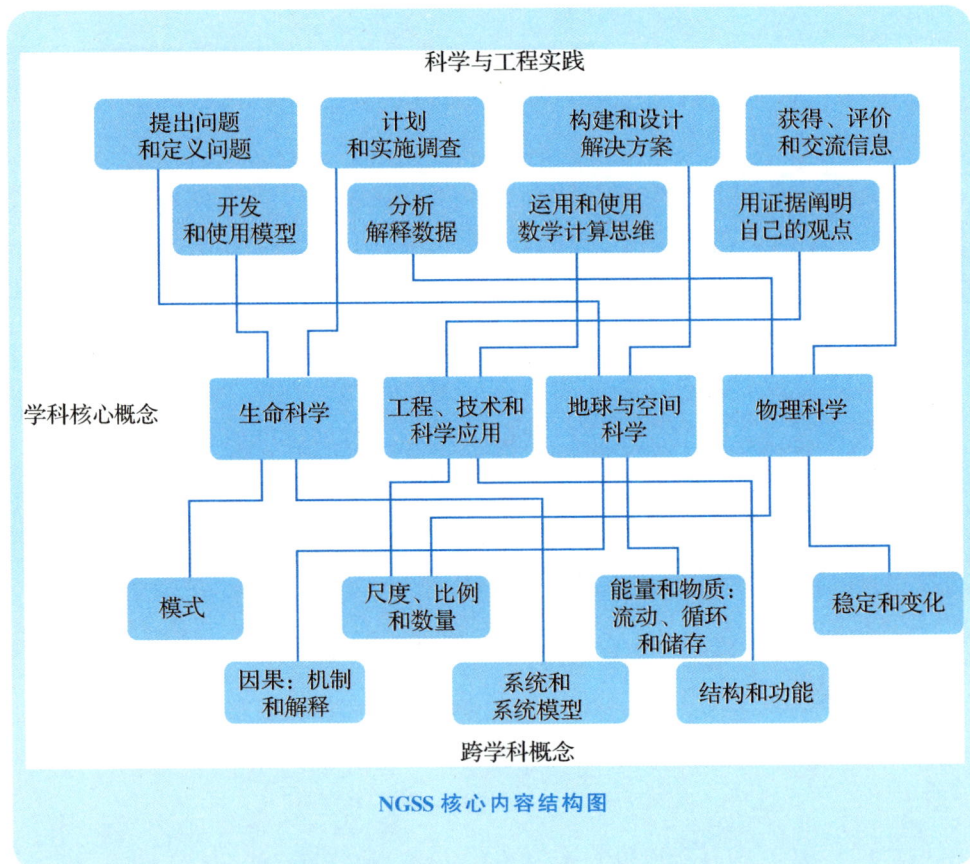

科学与工程实践

| 提出问题和定义问题 | 计划和实施调查 | 构建和设计解决方案 | 获得、评价和交流信息 |

| 开发和使用模型 | 分析解释数据 | 运用和使用数学计算思维 | 用证据阐明自己的观点 |

学科核心概念

| 生命科学 | 工程、技术和科学应用 | 地球与空间科学 | 物理科学 |

模式　　尺度、比例和数量　　能量和物质：流动、循环和储存　　稳定和变化

因果：机制和解释　　系统和系统模型　　结构和功能

跨学科概念

NGSS核心内容结构图

6.1.2　创客空间设计

"创客"一词译自英文单词"Mak-er"，该词源于英文单词 Maker 或 Haker。克里斯·安德森(Chris Anderson)在《创客：新工业革命》一书中提出，创客是指把具有技术挑战的创意转变为现实的人，需要具备一定的知识储备和创新、实践、共享、交流的意识。创客运动与教育的"碰撞"，慢慢改变了传统的教育理念、组织、模式与方法，创客教育应运而生。人工智能时代催生了人工智能技术的活力与深度应用。以深度学习、云计算、大数据、物联网为代表的人工智能技术为创客教育注入了鲜活的血液。2009 年，美国白宫启动"创客教育计划"(Maker Education Initiative，MEI)，被认为是全球创客教育的一个里程碑事件。

祝智庭等人认为，广义上的创客教育应是一种以培育大众创客精神为导向的教育形态，狭义上的创客教育则应是一种以培养学习者，特别是青少年学习者的创客素养为导向的教育模式。它包含正式学习，也包含贯穿学习者一生的非正式学习。创客教育融入了体验教育、基于项目的学习、创新教育以及 DIY 等理念中的多种元素。[①]

马丁尼兹(Sylvia L. Martinez)和斯塔哲(Gray S. Stager)提出，创客教育把"基于创造的学习"或"在创造中学习"看作学生真正需要的学习方式，并总结出成功的创客教育具有的八个要素：目的和相关性、时间、有一定复杂

---

① 祝智庭、雒亮：《从创客运动到创客教育：培植众创文化》，载《电化教育研究》，2015(7)。

性、有一定强度和挑战、具有多维关联性、可访问性、共享性、新颖性①。

黄荣怀等人从智力发展的角度强调了创客教育的价值。根据斯滕伯格的智力三元理论，成功智力包括分析性智力、创造性智力和实践性智力，学校教育所强调和培养的主要是分析性智力，而创客教育的目的是促进学生智力尤其是创造性智力和实践性智力的发展，同时提高学生的科学素养。由此黄荣怀等人也提出了我国基础教育阶段开展创客教育的三种形式的载体：基于设计的学习、基于项目的学习和基于体验的学习。②

何克抗总结中西方对创客教育内涵的理解，认为二者的相同之处在于：1)均强调"基于创造的学习"或"在创造中学习"；2)均倡导在实施过程中通过协作、交流与共享来深化对知识的意义建构；3)均关注要培养学生的动手能力和解决实际问题的能力；4)均主张创客教育的实施方式和基于项目的学习相似。不同之处在于：1)西方的目标是把青少年培养成创客人才，而中国的目标是把青少年培养成创新人才；2)西方强调实体作品，中国则通过精神产品或物质产品这两方面来体现。③

创客教育与 STEAM 教育的相似之处在于，都属于跨学科教育，需要将原本孤立的学科进行有机整合，都强调设计能力、合作能力、问题解决能力和实践创新能

---

① 何克抗：《论创客教育与创新教育》，载《教育研究》，2016(4)。
② 黄荣怀、刘晓琳：《创客教育与学生创新能力培养》，载《现代教育技术》，2016(4)。
③ 何克抗：《论创客教育与创新教育》，载《教育研究》，2016(4)。

力。不同之处在于，STEAM 教育更强调跨学科，注重学科素养的培养；而创客教育的核心是创造，会涉及不同的学科知识，但其本身不强调学科。

设计、制作是创客教育的两个核心要素，学术领域和实践领域都在探讨设计、设计思维与创客教育的关系，并尝试将设计思维应用到创客教育实践活动中。纳格什班迪(Naghshbandi S.)等人认为，设计思维和创客运动有效结合起来，有利于促进创造有意义和有价值的事物。[①] 闫寒冰等人认为设计思维与创客教育所倡导的核心精神高度一致，拥有共通的教育理念，并把设计思维方法作为创客课程的主线贯穿始终，学生按照模型中既定步骤，逐步完成每个阶段的任务，最终实现创客作品的设计创新。[②] 国内不少学者将"基于设计的学习"应用在创客教育中，形成了比较丰富的模式和实践案例。

创客教育的主要学习环境是创客空间。美国麻省理工学院的比特与原子研究中心在 2001 年发起了 Fab Lab(Fabrication Laboratory，微观装配实验室)创新项目。Fab Lab 以个人创意、个人设计、个人制作为核心理念，旨在构建以用户为中心，融合设计、制作、装配、调试、分析以及文档管理的全流程创新制作环境。Fab Lab 为创客空间在全球的发展提供了机会。2016 年，美国麻省理工学院与斯坦福大学、耶鲁大学、加州大学伯

---

① Carter D.，Crichton S.，Naghshbandi，S.，Use of Design Thinking as a Disruptive Element in Professional Development for K-9 Educators，*The International Journal of Design Management and Professional Practice*，Vol. 9，No. 3，2015，pp. 45-52.

② 闫寒冰、郑东芳、李笑樱：《设计思维：创客教育不可或缺的使能方法论》，载《电化教育研究》，2017(6)。

克利分校等 8 所高校共同成立了高校创客空间联盟
（Higher Education Makerspace Initiative，HEMI），该
联盟成为高校分享创客空间建设实践理念和经验的重要
平台。

对于创客空间的理解，很多人偏向于实体化空间概
念，认为创客空间就是一个物理场所。《创客杂志》认为
创客空间是创客聚会、活动和合作的场所，是开放交流
的实验室、工作室、机械加工室；加西亚·洛佩兹
（Garcia-Lopez）则认为创客空间是科学实验室、计算机
实验室、艺术实验室和木工房的结合体。实际上，创客
空间应该有两类：一类是物理创客空间（也称"创客实验
室"），这是专门为创客提供各种技术工具手段和信息资
料及研发场地的物理平台；另一类是在线创客空间，这
是专门为创客提供的展示作品、交流思想体会、分享创
造成果的在线社交空间。创客空间应是虚实融合的个
人—集体交互学习空间，基本特征包括：汇聚、活动、
合作、分享、兴趣、创新等。

我国的创客空间建设相对较晚，2010 年，我国第一
家创客工厂——上海新车间创立。2015 年，我国教育信
息化政策里首次提及 STEAM 教育、创客教育；同年由
中国教育报等机构发起，温州中学、温州市实验中学、
北京市广渠门中学、深圳市第二高级中学、天津市第十
四中学等 35 所学校组成的中国青少年创客教育联盟宣
布成立。随后，2016 年和 2017 年的教育信息化工作要
点以及教育部印发的《义务教育科学课程标准（2022 年
版）》中都提到了校园创客空间建设。2019 年，浙江大学

等高校及有志于支持高校众创空间与大学生创业的社会组织机构(投资机构、企事业单位、公益基金等)联合发起,获教育部高教司正式复函支持,成立中国高校众创空间联盟(The Maker Space Alliance of China University)。

　　针对中小学创客空间建设,各地区发布了一些标准,比如深圳市发布的《深圳市中小学创客教育实践室建设指南(试行)》、山东省发布的《山东省学校创客空间建设指导意见》、四川省发布的《中小学教育创客空间建设指南》(DB51/T 2592-2019)、西安市发布的《关于推进中小学创客教育实践室建设实施方案》等。《数字时代的创造性学习——创客教育实践》一书较为系统地分析了校园创客空间的设计需要考虑的方面,如定位、规划和运营。该书作者认为,创客空间需要从企业定制转向"适性"空间,也就是一个能充分尊重学生个体差异,让学生各有所长、获得尊严并且快乐的学习空间。在创客空间规划上,要标准配置与个性化装备并重,而基本功能区域一般分为三个部分:互动教学区、工具材料区、作品展示区。在创客空间运营上,要日常管理与特色活动相结合,不仅开设各类选修课程,而且通过项目式学习鼓励学生开展创作活动。[①]

拓展阅读:
几个典型的校园创客空间案例
Fab Lab 是美国麻省理工学院的比特与原子研

---

① 谢作如、刘正云、张敬云:《数字时代的创造性学习——创客教育实践》,67 页,石家庄,河北教育出版社,2021。

究中心发起的一项实验——一个几乎可以制造任何产品和工具的小型工厂。该实验室最初的灵感来自该中心主任尼尔·格申费尔德教授（Neil Gershenfeld）于 1998 年在麻省理工学院开设的一门课程——如何能够创造任何东西（How to Make Almost Anything）。在这个课堂上，任何一个缺乏技术经验和科学实验背景的学生都可以创造出自己想象得到和令人印象深刻的东西，这使人感到无比振奋。而这种可以实现随心所欲的个性化需求的目标，也逐渐成为 Fab Lab 萌芽的创新研究的思想理念。尼尔于 2001 年在美国波士顿用 35 万美元建立了全球首家 Fab Lab 机构，至今全球范围内已经建立超过 600 家类似理念和原则的实验室，形成了庞大的全球创客创新网络，Fab Lab 分布于欧洲多国及印度、南非、巴西等国家。

i-Center 是清华大学的创客基地，在将创新创业教育融入工程实践教育方面做出了示范，1.5 万平方米的车间里摆放着上百台数控车床、机床、铣床以及 3D 打印机、三维扫描仪等工具，供创客们使用。"i" 寓意工业（industry）、国际化（international）、学科交叉（interdisciplinary）、创新（innovation）以及学生主体"我"（I）等。i-Center 联合美术学院、工业工程系以及校友会等单位和组织，聚集工程、科学、艺术、人文等领域的创客资源，为清华大学师生提供全方位的创意创新服务。

Technocamps（英国威尔士的技术营地）是英国最知名的创客教育基地，由斯旺西大学主导，阿伯里斯特威斯大学、班戈大学和南威尔士大学合作创办。该营地主要面向 11～19 岁的学生，为他们提供编程、机器人技术、游戏设计以及智能手机应用开发等多种形式的创客课程。学生可以利用午饭或者放学后的时间在技术营地进行学习和创造，回到家还需要完成技术营地布置的各种挑战任务。目前，该营地已有几百个工作室。

DF 创客空间是温州中学于 2008 年创建的，前身是学生社团科技制作社的活动室。2013 年 8 月，在国内知名创客李大维的建议下，学校在空间内添置了部分加工工具，并将该场所对全校师生开放，温州中学创客空间正式宣布成立。之所以取名为“DF 创客空间”，一是因为得到了创客企业 DF Ro-bot 的支持，二是认同“Drive the Future”（DF）的理念。该空间的最大特色是投入少、效益大，创建方案可复制，完全自主设计，部分装修由师生动手完成，坚持每周一到周五课余时间对所有学生开放。

“蚂蚁梦工场”是重庆市第二十九中学校于 2015 年 10 月建成的我国西部地区第一家中小学校园众创空间，为深度践行“做中学”的创新教育思想提供了硬件环境。“蚂蚁梦工场”分设人文艺术区和工程技术区，其中人文艺术区主要是美术教育，作用在于提高学生的鉴美能力和艺术修养，可用于对学生作品的加工、包装等；工程技术区是创客教育活动的主要实施场地，是小创客们学习、创造，将梦想变为现实的地方。活动区包括学习、讨论、手作和拓展四功能室，分别为"蚁群""蚁巢""蚁坊""蚁汇"。在整个过程中，学生可自由合作，随时向创客导师求助。导师会给予相关知识、技能的拓展和参赛辅导。

6.2 STEAM 教育设计

学习目标

能够描述 STEAM 教育的内涵、发展过程；能够描述设计思维在 STEAM 课程中的应用案例；了解 STEAM 课程设计的典型模式。

6.2.1 STEAM 教育的内涵

STEAM 是科学（Science）、技术（Technology）、工程（Engineering）、艺术（Art）、数学（Mathematics）的英文首字母组合。

1986 年，美国国家科学委员会发布报告《本科的科学、数学和工程教育》，提出 STEM 教育理念，希望通过 STEM 教育的开展，使更多的学生在高等教育阶段选择与 STEM 相关的学科。1996 年，美国国家科学基金会发布报告《塑造未来：透视科学、数学、工程和技术的本科教育》，重点关注 K-12 阶段 STEM 师资的培养问题。通过一系列的政策文件和相关的项目，美国培养了大量具有 STEM 素养的创新人才。美国"项目引路"

(Project Lead The Way，PLTW)机构对 STEM 教育的整合特点以及现实意义做了如下解释：STEM 教育课程计划旨在使学生参与以活动、项目和问题解决为基础的学习，它提供了一种动手的课堂实验。学生在应对世界的重大挑战时，应用所学到的数学和科学知识，通过创造、设计、建构、发现、合作来解决问题。

2006 年，美国弗吉尼亚科技大学的格雷特·亚克门(Georgette Yakman)意识到艺术的重要性，将艺术作为一个重要的人文因素融入 STEM 教育中，构建了 STEAM 教育框架。STEAM 教育强调"艺术"的重要性，以培养具有全面综合素质的学生。具体来说，"艺术"包括较广泛的人文艺术科目，涵盖了社会研究(Social Studies)、语言(Language)、形体(Physical)、音乐(Musical)、美学(Fine)和表演(Performing)等。[①]

德国、英国、芬兰、韩国、日本等国家也都重视 STEAM 教育，在不同学段贯彻实施。我国也迈入 STEAM 教育的课程改革行列，2015 年教育部发布的《关于"十三五"期间全面深入推进教育信息化工作的指导意见(征求意见稿)》明确提出：要"探索 STEAM 教育、创客教育等新教育模式"。2016 年教育部在《教育信息化"十三五"规划》中提出要积极探索信息技术在跨学科学习(STEAM 教育)、创客教育等新的教育模式中的应用。2017 年《中国 STEAM 教育发展报告》显示北京、上海、广东、浙江等地掀起 STEAM 教育热潮。如今，

---

① 赵慧臣、陆晓婷：《开展 STEAM 教育，提高学生创新能力——访美国 STEAM 教育知名学者格雷特．亚克门教授》，载《开放教育研究》，2016(5)。

STEAM 教育在我国已呈现出自己的特色。

STEAM 教育支持学生以学科整合的方式认识世界，以综合创新的形式改造世界，培养他们解决问题的能力，以基于项目的学习、基于问题的学习为主要教学方式，引导学生通过合作与实践，完成主题项目和解决生活中遇到的难题。

6.2.2　STEAM 课程设计

当前中小学 STEAM 课程主要有两种方式：一种是依托某一学科课程开展，在其中结合其他课程知识；另一种是整合多学科知识，以单独项目的方式开展。在两种方式中，技术教育、工程教育是关键点，不少研究者将设计思想融入 STEAM 课程中，并认为设计是促进 STEAM 教育成功的关键因素之一。

玛格丽特·赫尼(Margaret Honey)等人在《设计·制作·游戏：培养下一代 STEM 创新者》一书中，专门阐述了设计对于 STEAM 教育的重要性。通过设计学习，学生学会如何定义问题或需求，如何选择和约束，如何计划、建模、测试、迭代解决方案等，这些都是 STEAM 课程设计中需要考虑的。[①]

斯坦福大学 RED Lab(Research in Education & Design)基于设计思维模型，以美国《新一代科学课程标准》为基础，开发了 d. loft STEM 项目课程。该课程具体有

[①]　Honey M.，Kanter D.，*Design Make Play：Growing the Next Generation of STEM Innovators*，New York，Routledge，2013，p. 3.

以下特点：1)基于设计思维培养学生核心技能与素养；
2)以真实情境问题为载体实现跨学科知识整合；3)提供
丰富的学习支架与工具促进有效学习。①

　　琳恩(Lyn D. English)在小学 STEAM 航空航天课
程的一项研究中发现，通过以设计思维为基础(问题界
定、创意生成、设计与实施、设计评估、重新设计，五
个核心过程)的项目实施，学生能够完成复杂程度不同
的模型飞机的初始设计和重新设计，提高学习效果。②

　　秦瑾若等人借鉴典型的"基于设计的学习"模型，从
学生创新探究能力培养、师生活动和教学环境三个层面
出发，构建了一个以"跨学科融合""循环迭代""过程体
验""问题解决"为核心的、面向 STEM 教育的"基于设计
的学习"模式。③

　　陈鹏等人基于斯坦福大学设计思维 EDIPT 模型(共
情—定义—构思—原型—测试)，提出了一个跨学科
STEM 课程模型，如图 6-1 所示。该模型以学科关联模
块的形式开展基于探究的学习，关注在跨学科关联模块
的学习过程中，借鉴设计思维方法，引导学生基于真实
项目开展设计实践，在活动过程中实现知识建构和核心
素养的发展。

---

① 陈鹏、田阳、黄荣怀：《基于设计思维的 STEM 教育创新课程研究及启示——以斯坦福大学 d. loft STEM 课程为例》，载《中国电化教育》，2019(8)。

② English L. D. ，King D. T. ，STEM Learning Through Engineering Design：Fourth-Grade Students' Investigations in Aerospace，*International Journal of STEM Education*，Vol. 2，No. 14，2015，pp. 1-18.

③ 秦瑾若、傅钢善：《面向 STEM 教育的设计型学习研究：模式构建与案例分析》，载《电化教育研究》，2018(10)。

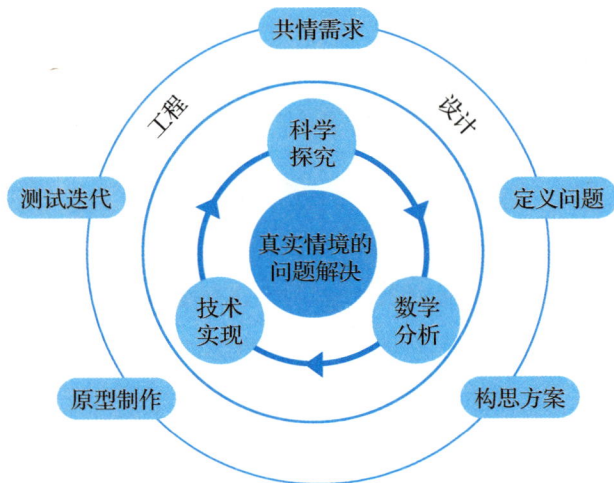

图 6-1　基于 EDIPT 模型的 STEM 课程模型

拓展阅读：

知名的 STEM 教育项目

在美国国家科学基金会 ITEST 项目的资助下，斯坦福大学教育研究生院和设计学院合作成立了 RED Lab，其目标是探索设计思维作为一种新的教学方式的可行性，促进设计思维融入课程教学，推动教育变革。在此愿景下，RED Lab 基于斯坦福大学设计学院的设计思维方法开发了 d. loft STEM 系列课程，旨在通过基于设计思维的动手实践和互动式的学习活动，促进学生掌握 STEM 领域的深层知识以及提高对 STEM 职业的兴趣。[①] 项目团队与加利福尼亚州、犹他州的教育工作者合作，开展课程研讨会，探索在多个学科领域以设计思维为视角开发

[①] 陈鹏、田阳、黄荣怀：《基于设计思维的 STEM 教育创新课程研究及启示——以斯坦福大学 d. loft STEM 课程为例》，载《中国电化教育》，2019(8)。

STEM 主题课程，将设计思维融入课堂。该系列课程将设计思维和紧迫的全球问题（包括水、能源和住房问题）紧密结合，鼓励学生积极面对并解决全球和本地环境中的设计挑战。水（Dive In! Water Curriculum）、能源（Ignite! Energy Curriculum）和避难所（Built to Learn! Shelter Curriculum）的再设计是 d. loft STEM 项目中的经典课程案例，学生在课程中探索基于能源的设计思维挑战，开展与环境保护、节约能源及生产相关的 STEM 活动。

芬兰的 LUMA 项目由国家中心和分布于不同大学的多个分中心共同负责。2003 年，第一个 LUMA 分中心在赫尔辛基大学成立。该中心理事会成员来自芬兰教育部、芬兰国家教育委员会、赫尔辛基大学、赫尔辛基市政府、工商企业协会、教师协会等多个机构和组织。随后，另外 9 个类似的 LUMA 分中心在芬兰的不同大学陆续成立。在此基础上，2013 年 11 月，芬兰又成立了国家 LUMA 中心，这是芬兰数学和科学教育领域里程碑式的大事件。"LUMA"是"Luonnontietee"（芬兰语，意为自然学科）和"Mathematics"（数学）的缩写，可将其理解为芬兰社会语境下的 STEM 教育。芬兰教育部组织开展的 LUMA 项目，是一项国家级的数学和科学教育发展项目，旨在改进数学与科学教育实践，增强学生对数学与科学学科的兴趣。在国家中心协调和支持的 STEM 教育合作网络中，大学、中小学，教师、学生、家长，工商企业都参与其中，合作推进更多的 3～19 岁儿童或青年参与学习 STEM 学科。

小　结

创新教育是根据创新原理，以培养学生具有一定的创新意识、创新思维、创新能力以及创新个性为主要目标的教育理论和方法，重在使学生在牢固、系统地掌握学科知识的同时发展创新能力。在中小学，创新教育更多地体现在科学教育上，具体体现为校内的科学课程、信息技术课程、人工智能课程、STEAM 课程、创客课程以及校外各种形式的科学教育等。在高校，创新教育则更多地体现为创新创业教育。STEAM 教育和创客教育作为创新教育中的两种典型方式，在培养创新能力方面发挥着重要作用。设计思维拥有成熟的方法和模型，在 STEAM 教育和创客教育中有了越来越多的应用。

练　习

请对比国内外的典型创客空间，分别分析其优势和不足。

FUTURE EDUCATION AND ITS DESIGN ISSUES

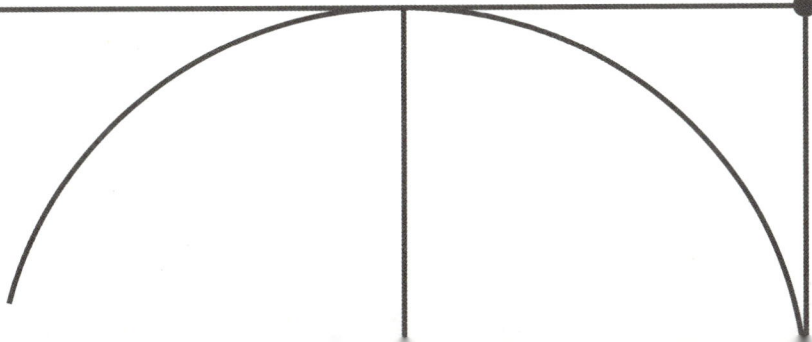

未来教育及其设计议题

07

概　述

联合国教科文组织于 2019 年成立了国际教育未来委员会，并发起了一项倡议，即"教育的未来"，旨在重新思考知识和学习如何在日益复杂、不确定和不稳定的世界里塑造人类的未来。教育系统内外面临着新的变化和挑战，探索面向未来的教育具有新的必要性和紧迫性。

本章先追溯了未来教育的概念缘起，介绍了未来教育的主要特征和教学形态；然后针对未来教育的形态——智慧教育，介绍了其概念、构成要素、层次结构和计算框架；最后阐述了联合国教科文组织关于推动教育未来发展的公共行动号召，并提出了未来教育设计需要关注的若干议题。

内容结构

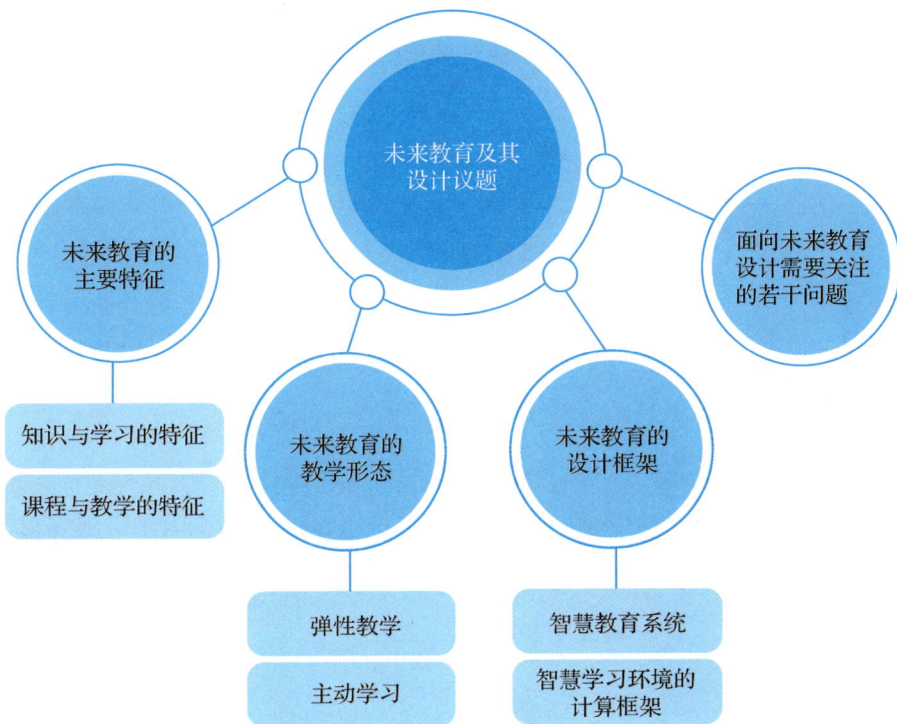

读前反思

你认为 20 年以后的学习是什么样的？学习环境、学习内容、学习方式等会有什么变化？

关键术语

智慧教育(Smart Education)：是一种由学校、区域或国家提供的高内容适配性、高学习体验及高教学效率的教育系统，能全面采集并利用参与者的背景与状态数据和教育教学的过程数据来促进教育公平、持续改进绩效，最终孕育教育的卓越。

弹性教学(Flexible Pedagogy)：是指一种可以在学习时间、学习地点、教学资源、教学方法、学习活动、学习支持等方面为学习者提供可选择的、以学习者为中心的教育策略。

主动学习(Active Learning)：可以被看作一种能使学生积极地或体验式地投入学习过程的学习方法，也可以被看作一种能够帮助学生更多地参与到学习过程中的教学方法，要求学生进行有意义的学习活动，主动思考自己在做什么。

主动学习圈(Active Learning Cycle)：是阿灵顿独立学区在 2018 年提出的，用于有意识地培养学生的主动学习习惯，包含激励、承诺、获得、应用、展示 5 个步骤。

智慧学习引擎(Smart Learning Engine)：是为了实现智慧学习环境记录学习过程、识别学习情景、感知学习物理环境和联接学习社群等功能，处理基本计算问题的计算框架。智慧学习引擎能够跟踪学习者的学习过程，给出个性化的反馈，如个性化学习路径规划、学习资源推送、教学策略优化等。

7.1　未来教育的主要特征

学习目标

能够描述未来教育的概念和特征。

　关于未来教育，国内外有一系列探讨。联合国教科文组织基于人类社会在发展中面临的一系列挑战和威胁，从全球在未来的生存着眼重新构想教育，探求未来教育的特征。[①] 哈佛大学教育学院也针对教育的未来进行了一系列讨论。我国著名教育学家顾明远认为，未来教育就是为未来社会培养人才的现实社会的教育。[②] 无论是现在还是未来，尽管教育应用的技术手段及由其带来的环境、教学内容、教学模式等可以随时改变，但是教育的育人本质不会变，立德树人这个目标不会变。这种"未来就是现在"的理解与联合国教科文组织的看法是一致的。未来教育研究涉及教育的方方面面，包含教育管理、教师教育、教学、学生学习、教育评价、学习环境等，归根结底都是通过研究教育的现状和发展规律，得出符合育人成长规律的方法和策略，改良教与学的模式，促进人的全面发展。

[①]　UNESCO，Learning to Become with the World：Education for Future Survival，2020.

[②]　顾明远：《互联网时代的未来教育》，载《清华大学教育研究》，2017(6)。

近年来，智能技术与教育的融合不断加深。这拓宽了未来教育研究的视野，也提出了新的问题。智能时代背景下的未来教育是基于对"互联网＋教育"的深化，与人工智能技术深度融合而形成的智能教育的新生态。其主要特征表现在以下五个方面：1）人工智能利用大数据帮助实现教育教学的精准化、科学化；2）人工智能赋能教师，转变了教师角色，促进教学模式从知识传授到知识建构的转变；3）人工智能变革教育资源结构，强调资源的多样性、共享性，促进教育公平的实现；4）人工智能构建出以学习者为中心的新型学习环境，为学习者营造出良好的学习氛围，助力学习者实现主动学习和个性化学习；5）人工智能促使人机协同学习，学习者在智能机器的辅助下完成学习任务，实现学习目标。

下面从知识与学习、课程与教学等方面描述面向智能时代的未来教育的特征。

7.1.1　知识与学习的特征

人工智能的研究者基于计算机科学构建了新的"知识图谱"，它是一个四级结构，从下往上依次为数据、信息、知识和智能。现实生活产生大量数据，数据经过处理和解释就形成了信息，把有关信息关联在一起形成信息结构就变成了知识。如果计算机能够模拟人脑获取知识、运用知识的能力完成特定任务，那么机器就获得了一定的智能。智能时代的知识具有显著的群智性，即人与人、人与机之间通过交互形成具有高度组织性的活动，共同进行知识的生产，进行决策，解决问题；智能时代的知识是一种生成性的意义建构，即知识是人或人工智能在一定的情境和社会文化背景下与其他学习者和环境进行交互而获取的信息和意义的建构。智能时代，由机器产生的、难以被人类了解和把控的"暗知识"将越来越多，人类所占有的知识可能会变成知识海洋中的"冰山一角"，这既为人类的前景投上了一抹阴影，但同时也敞开了更多可能。

智能时代，学习是为了成为具有能动性（Agency）、能够全面发展、自我（身份）认同，能应对未来世界的多元性、变化性、不确定性、模糊性和复杂性，并能主动参与世界文明进程的人，其本质是学习者在认识、行动、行为潜能等方面稳定而持久的改变。在智能机器参与并塑造的多元空间融合的复杂系统中，学习者通过与同伴、教师、智能体以多种合作互动方式，参与协同建构实践活动，掌握知识、技能和工具，从而使学习发生。知识的碎片化、泛在化、动态化冲击以往的学习形式，因此未来的学习必须是有意义的、主动的、深度的学习。

7.1.2　课程与教学的特征

人工智能的发展使课程呈现出混合性、开放性、个性化、网络化、多主体等特点。课程由单一的课程形态走向线上线下混合式课程：线上优势在于便于知识传播、资源共享、内容搜索、反复观看、沉浸体验等；线下优势在于情感交流、师生互动、小组协作、生生互动等。课程由封闭性走向开放性，这种开放性不仅体现为课程访问与共享，更表现为开放的课程内容、实施、评估、学习者、学习过程与资源、结构重组，最大限度地实现学习的能动性。课程由统一的群体性走向定制的个体式，可以利用人工智能建构知识图谱，基于多模态大数据描绘学生学习画像，为每个学生打造个性化课程，实现"一人一张课程表"。课程由碎片化、孤立走向网络状、结构化，围绕学科大概念开发综合课程，形成一种更加综合、相互衔接、融会贯通的课程体系，促进学生的跨时空、跨文化、跨情境迁移和深度理解。课程建设走向多元主体共建课程：全世界的名校、名师，各领域的杰出人才，以及其他一些教师、学生都将参与课程的开发。人工智能在课程建设中承担着很大一部分知识组织和整合的功能，用智能技术赋能课程系统的韧性，使分布式课程、无边界课程、多通道课程成为常态。

智能技术的教学也呈现出新的特征。"教师—机器""学生—机器"等泛在的多种人机协同促使教学结构发生改变，走向"智能机器—教师—内容—学生—媒体"的多元体系。智能技术极大地拓展了人的活动空间，使个人学习的自由和个性化程度显著提升，个体差异被进一步放大。差异化教学(Differentiated Instruction)是未来教学的必然要求，要求基于大数据提供精准、实时、个性化的评价和支持服务。在泛在可用的智能技术支持下，学生可能超越教师，这将促使以教师为权威的师生关系转向教学相长，并派生出教师的新角色(如促进者等)。因此，教师更加需要具备信息技术和教学法等多样化的技能。在培养核心素养、促进学生全面发展的基础上，教学更需充分考虑学习者在虚实融合的多元空间中的潜在风险，比如行为与思想因"碎片化"而"多重分裂"，必须重视培养学生的智能素养，促进其自我认同与自我整合。

7.2　未来教育的教学形态

学习目标

能够从技术角度和教学角度分析未来教育的特征；能够解释弹性教学、说出其主要的维度；能够列举促进主动学习的主要策略。

情境化、个性化、数据驱动是当前及未来智能技术重塑教育生态的重要切入方向和着力点，是未来教育系统的主要技术特征。情境化特征强调智能技术需要依据不同的教育场景，对教学模式、教学方法、学习过程等进行合理组合，以满足用户需求为主要导向，弱化用户对技术本身的感知，强化智能技术支持无意识交互情境的改造能力。个性化特征强调智能技术的应用，尝试回答教育本源性问题，尊重教育中人与人之间的个性差异，以智能技术为工具，实现有教无类和因材施教的教育目标。[1] 数据驱动特征，主要以大数据、物联网等技术支持下的学习分析技术为抓手，通过有效应用海量优质的教育应用场景数据，对传统教育场景进行改造升级，提升分析力和支撑力，实现智能时代教育生态系统的变革。[2]

---

[1]　钟绍春：《人工智能支持智慧学习的方向与途径》，载《中国电化教育》，2019(7)。

[2]　郑旭东：《智慧教育 2.0：教育信息化 2.0 视域下的教育新生态——〈教育信息化 2.0 行动计划〉解读之二》，载《远程教育杂志》，2018(4)。

智慧教育需要利用智能技术提供数据驱动、个性化和情境化的支持与服务，构建新教育生态。有了上述技术条件作为基础，在以学习者为中心的理念指导和新技术的支持下，未来教育在教学层面将呈现出两个主要形态：弹性教学和主动学习。

7.2.1　弹性教学

弹性教学又称灵活性学习或灵活性教学，是面向信息社会改革人才培养模式的必然结果。"弹性"是指为学习者提供可选择的课程从而满足其个别化需求，弹性教学是指通过整合应用一系列的技术支持教学的过程，其目的是为学习者提供更多便利、选择和个性化的教学方法和系统。在本书中，弹性教学是能够在学习时间、学习地点、教学资源、教学方法、学习活动、学习支持等方面为学习者提供他们可选择的且以学习者为中心的教学策略。

弹性教学的要素主要有以下十个(图 7-1)：弹性的时间安排、灵活的学习地点、重构的学习内容、多样的教学方法、多维的学习评价、适切的学习资源、便利的学习空间、合理的技术应用、有效的学习支持、异质的学生伙伴等。[1]

1)弹性的时间安排意味着学习者参加课程[2]、参加学习

---

① 黄荣怀、汪燕、王欢欢等：《未来教育之教学新形态：弹性教学与主动学习》，载《现代远程教育研究》，2020(3)。

② Collis B.，Moonen J.，Vingerhoets J.，Flexibility as a Key Construct in European Training：Experiences from the TeleScopia Project in British，*Journal of Educational Technology*，Vol.28，No.3，1997，pp.199-217.

关键要素	辅助要素
弹性的时间安排	适切的学习资源
灵活的学习地点	便利的学习空间
重构的学习内容	合理的技术应用
多样的教学方法	有效的学习支持
多维的学习评价	异质的学生伙伴

图 7-1　弹性教学的十个要素

活动、开始和结束课程的时间是灵活的，是可选择的。弹性教学需要根据学习者的需求为他们提供可选择的学习时间（如晚上或周日），学习者甚至还可以确定自己想与他人进行互动或学习的时间。

2）灵活的学习地点是指学习者获取学习材料和进行学习活动的地点是可以允许学习者选择的。比如学生可以通过移动设备在家里、机场、校园，甚至飞机上进行学习。

3）重构的学习内容是指允许学习者根据自身的需求、课程定位、学习途径、课程规模和范围，通过对内容进行模块化来确定内容的章节和顺序。

4）多样的教学方法包括讲座、自学、辩论、探究学习、小组讨论、教育游戏等。

5）多维的学习评价是指采用灵活多样的评价方法，比如小论文、汇报、同行评估、小组项目和标准化测试等，对学生的学习、教师的教学和学术计划进行评价。

6) 适切的学习资源意味着除了教师组织及开发的学习资源，图书馆、学习者，甚至网络提供的高质量学习资源都可被用于教学中。播客、录制的讲座报告等都是常见的学习资源形式。开放教育资源（Open Education Resource，OER）在开放许可下为学习者提供弹性教学。教育者可以使用、组合或者修改给定的 OER 来为学习者提供适用的学习资源。

7) 便利的学习空间是指学习者可以通过不同技术（如增强现实）体验校园学习、网络学习或两者混合的学习。比如通过智慧化的空中课堂，为教师、家长、学生提供优质直播互动平台和高效教学、有效监管、个性化学习辅导等服务，让学生可以便利地进入另一个学习空间。

8) 合理的技术应用可以促进学习者学习、助力教师教学和学校管理，加强教学及管理的灵活性，如多样的学习资源、灵活的虚拟学习空间、便捷的学习管理系统等。使用各种技术工具还可以帮助学习者自己编写学习内容并与其他的学习者进行互动。此外，通信媒介（如电子邮件和即时通信应用等）还可以优化教师和管理人员的工作。

9) 有效的学习支持包括在线环境中教师的教学支持服务和对学习者在线学习的支持服务两类。除了为教师提供如何使用同步网络学习工具、利用学习管理系统的方法、进行学习活动设计的流程等支持，教师在线教学支持服务还应为教师提供信息技术应用、地方教师培训案例、在线教学策略等，促进教师快速提升在线教学能力。而学习者在线支持服务体现在促进学习者个性发展和有效学习两个方面。有效学习是指学习者知识、认知、智力和技能的提高；个性发展主要包括良好的思维习惯、积极的人生态度、基本的沟通与协作能力、诚信意识、规则意识、毅力以及创新技能与意识的培养。

10）异质的学生伙伴指的是同一组学习的学生在性别、认知能力、家庭背景、性格等方面存在差异。从合作学习的角度看，异质分组方式有助于学生之间进行思想碰撞，激发创新性思维，促进学生之间互相学习。

7.2.2　主动学习

主动学习可以被看作一种能使学生积极地或者体验式地投入学习过程的学习方法，也可以被看作一种能够帮助学生更多地参与到学习过程中的教学方法。这种方法要求学生进行有意义的学习活动，主动思考自己在做什么。[1] 在课堂中，教师经常采用多种方式，如提问、头脑风暴、概念图、小组协作学习、语境分析与问题定义、问题解决、思维导图等方式，激励学生主动学习。模拟与游戏、角色扮演、案例分析、基

---

[1]　Prince M.，Does Active Learning Work? A Review of the Research，*Journal of Engineering Education*，Vol. 93，No. 3，2004，pp. 223-231.

于挑战的学习以及基于项目的学习等是更加高级的主动学习方式。

主动学习者最显著的特征是能够进行自主学习（Self-Regulated Learning）。自主学习包含三个基本要素：自我计划、自我监控和自我评价。自我计划是针对自己的未来做出有目的的规划，可使自身的行为有目标、有组织、有效率。[①] 自我监控是管理好自己，是学生为了保证学习获得成功而在学习的过程中。[②] 把正在进行的学习活动作为他们意识的对象，并不断对其进行积极且自觉的计划、检查、监察、评价、反馈、控制与调节的过程。自我评价是指学生能够通过学习回顾、做练习题或使用评测工具来对自己的学习进行评价，包括基于学生过去经历的内部评价、基于学习目标的自评和基于同伴学习状况的相对性评价。

如何有意识地提高学生的自主学习能力？阿灵顿独立学区在 2018 年提出主动学习圈方案，该方案包含五个步骤：激励、承诺、获得、应用、展示。具体内容如图 7-2 所示。

---

① 屈善孝：《探析加强大学生自我管理的有效途径》，载《国家教育行政学院学报》，2010(3)。

② 董奇、周勇：《论学生学习的自我监控》，载《北京师范大学学报(社会科学版)》，1994(1)。

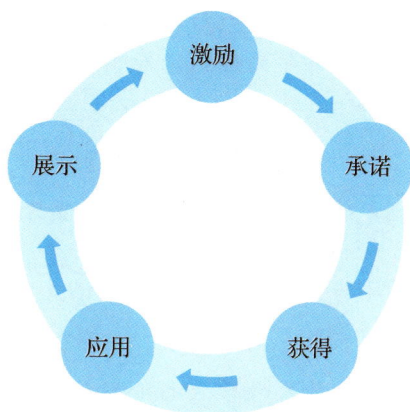

图 7-2　主动学习圈

1) 激励，目标是找到一种方法能让学生融入课程与学习中。比如，教师以学生感兴趣的话题或者提问来引起学生的兴趣。激励的本质是激发学习动机，可以从外界环境（比如教师、家长或其他人）中获得刺激形成学习动机，也可以经由内部兴趣激发学习动机。

2) 承诺，使用设定的目标鼓励学生在学习中坚持。其实质是由学习动机诱导产生学习目标或者学习计划的过程。学习目标的设置是否合适，学习的计划与安排是否合理，是自主学习能否成功实施的前提。教师可以通过提供示例等方式帮助学生设置合适的学习目标、做好自我学习规划。

3) 获得，通过各种方式为学生提供学习新知识和新技能的机会。学生在获得阶段的体验会增强或者削弱他们自主学习的动机，进而会影响他们集中注意力及自主学习的时长和质量。应用多样的工具和有效的指导手段，有助于学生增长知识与培养能力。

4）应用，允许学生通过现实世界中真实的活动和解决问题的过程来应用所学的知识。知识只有通过应用，才能避免简单机械的短时记忆，进入学生的长时记忆区，并与已有的知识结构相融合。教师可以帮助学生创设知识应用的情境，以提升学生自主学习的效果。

5）展示，让学生将自主学习的内容转化成具体的学习成果，与教师、家长、同学分享。这种做法有助于学生可视化知识，既能发展学生高阶思维技能（比如综合、评价等），又能增强学生的学习满足感和成就感，进而增强他们继续学习的动力。通过长期的、正向循环的主动学习过程，学生能够形成自我计划、自我监控和自我评价的技能，最终养成自主学习的好习惯。

7.3 未来教育的设计框架

学习目标

能够解释智慧教育的基本概念、结构和计算框架。

有关智慧教育方面的研究指出了未来教育的形态——智慧教育。黄荣怀、祝智庭等学者都对智慧教育做了深入的探讨。智慧教育是一种由学校、区域或国家提供的高内容适配性、高学习体验以及高教学效率的教育系统。利用现代科学技术，智慧教育能为学生、教师和家长提供一系列定制化的支持和按需及时的服务，还能全面采集并利用参与者的状态数据和教育教学过程数

据来促进教育公平、持续改进绩效，最终孕育教育的卓
越。[①] 智慧教育的精华就是本着"精准、个性、优化、协
同、思维、创造"的原则，通过构建融合新技术的学习
生态环境，通过发展人机协同的教学智慧、文化智慧与
数据智慧，让教师能够应用高成效的教学策略，让学习
者获得适切的个性化服务和美好的学习与发展体验，使
其由不能变为可能，由小能变为大能，从而培养具有较
好的思维品质、较强的行动能力、较深的创造潜能、良
好的人格品行的人才。[②]

7.3.1　智慧教育系统

智慧教育系统由三个层面构成，即智慧学习环境、
新型教学模式和现代教育制度(图 7-3)。智慧教育系统通
过达成教育体制与教育目标的适配，从效率、效果和效益
三个方面不断提升知识生产的能力，以最终实现培养国家
卓越人才的教育目标。

(1)智慧学习环境

智慧学习环境是指一种促进学习者有效学习的学习
场所或活动空间，这种环境能识别学习者特征，感知学
习情景，提供便利的互动工具与合适的学习资源，自动
记录过程和评测学习成果，能够融合物理环境与虚拟环
境，能更好地提供适合学习者个性特征与学习特点的学
习支持与服务。智慧学习环境的技术特征主要体现在记

---

①　黄荣怀：《智慧教育的三重境界：从环境、模式到体制》，载《现代远程教育研究》，2014(6)。
②　祝智庭、韩中美、黄昌勤：《教育人工智能(eAI)：人本人工智能的新范式》，载《电化教育研究》，2021(1)。

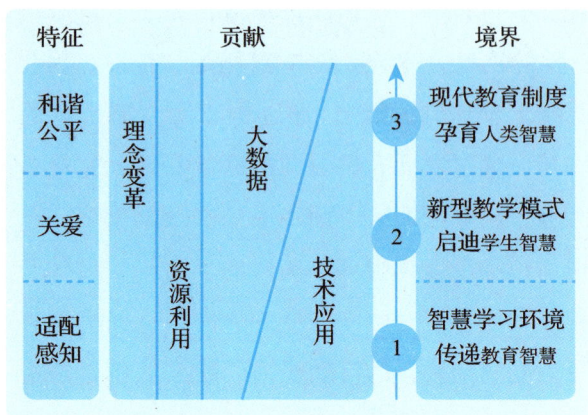

图 7-3　智慧教育系统

录学习过程、识别学习情景、感知学习物理环境、联接学习社群四个方面，其目的是促进学习者轻松、投入和有效地学习。[1]

(2)新型教学模式

随着信息技术的不断引入和应用，创新型教学模式以全新的形态不断涌现，并影响着教育与教学实践。[2]以此构建的新型教学模式可能会更加倾向于任意地点(Any where)、任意方式(Any way)、任意时间(Any time)、任意步调(Any pace)的 4A 模式。在这种 4A 教学模式下，信息技术支持的学习方式能让学生的多样性以及个体的差异性被充分重视，使"以人为本"的教育理念得到贯彻。因此，信息化的学习方式大致呈现出三个基本特征：一是有效的学习(Effective Learning)，这是

---

① 黄荣怀、杨俊锋、胡永斌：《从数字学习环境到智慧学习环境——学习环境的变革与趋势》，载《开放教育研究》，2012(1)。

② 黄荣怀、陈庚、张进宝等：《论信息化学习方式及其数字资源形态》，载《现代远程教育研究》，2010(6)。

信息化学习的目标。信息化教学要以促进学生的有效学习为核心目标。二是投入的学习（Engaged Learning），这是进行有效学习的前提，因为学生只有真正地投入学习中，才能实现有效学习的目标。三是轻松的学习（Easy Learning），这是投入学习的条件。信息化教学应力图使学生的学习变得轻松而愉快。

拓展阅读：
十种由信息技术增强的
创新型教学模式①

得益于信息技术支持，一些创新型教学模式可以促进信息化学习方式的构建。这些教学模式包括网络空间教学、远程专递课堂、异地同步教学、翻转教学、双主教学模式、校园在线课程、基于设计的学习、协同知识建构、引导式移动探究学习、能力导向式学习。

网络空间教学——突破了传统教学模式常见的时空限制，将在线学习与课堂教学有机融合，并整合利用碎片的时间，促进教与教、教与学、学与学的互补。

远程专递课堂——为帮助偏远且欠发达地区以及薄弱学校的学生获取并享受优质教师教学资源，

①　王晓晨、张进宝、杜静等：《全球教育信息化语境下的教育技术发展预测及应用模式探索——"首届中美智慧教育大会"回顾》，载《电化教育研究》，2016(3)。

实现教育公平和均衡发展。

异地同步教学——以网络直播教学为主，在教学条件相当而教学优势互补的两个班级之间进行同步教学活动，实现学校间、班级间"理念共享、资源共用、优势互补、合作共进"。

翻转教学——对课内与课外时间和教学内容进行重新安排，从而把学习的主动权从教师转移到学生手中。

双主教学模式——传统的以教师为中心的教学结构得到改变，建立了一种新型教学结构，即双主教学结构。这种教学结构一方面能发挥教师的主导作用，另一方面能充分体现学生的主体地位。在此基础上，能够逐步实现教学模式、教学手段、教学内容和教学方法的全面变革，从而使大规模培养创新人才的教育目标真正得到实现。

校园在线课程——学校选用或开发符合本校传统和优势、适合本校学生的兴趣和需求的在线课程，并将这些在线课程整合进自己的教学计划，从而为学生提供更加丰富多样的数字化学习体验。

基于设计的学习——是创客教育重要的组成部分，有利于提升学生的创新能力、问题解决能力与设计能力，能检验和优化 STEAM 教育的教学过程。

协同知识建构——是小组协作学习的一种典型形式，在这种模式下，师生或学生之间能够通过交流、对话和合作而产生新知识，最终有利于促进高阶认知能力的养成。

引导式移动探究学习——这种方式不仅支持学生通过移动工具在课堂上开展探究学习，也支持学生在非正式的学习情境，比如科技馆、实习工厂、博物馆、生态圈中开展探究性学习。

能力导向式学习——采用全自主、能力导向的方式，不进行分科教学，围绕学生所需能力与素养图谱开展系列学习活动，强调技能与素养的掌握。

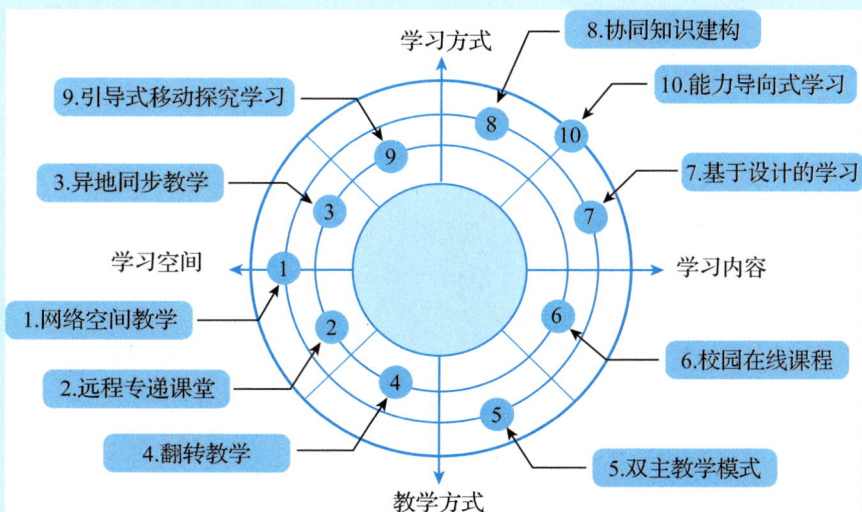

十种信息技术支持下的创新型教学模式

(3)现代教育制度

教育制度是国家层面各级各类教育机构系统及其管理规则的总和，主要有两个组成部分。第一个部分是各级各类教育机构系统；第二个部分是教育机构系统所赖以存在与运行的一整套规则。常见的教育制度有高等教育制度、义务教育制度、成人教育制度、职业教育制度、招生制度、考试制度、教育督导制度、学业证书制度、教育评估制度等。学校教育制度是教育制度的核心部分，也是一个国家教育制度的代表。

拓展阅读：

现代教育制度的特征[①]

现代教育制度主要具备以下十个特征：

(1)在时间长度上，现代教育制度主张教育应贯穿于人的一生。

(2)在知识范围上，现代教育制度涉及多方面的教育，不仅包括知识层面的学习，还包括情感、理智、政治、审美、职业、身体等方面的教育。

(3)在各类教育之间的联系上，现代教育制度注重人的全面和谐发展，谋求正规教育与非正规教育、职业教育与普通教育、文化活动与教育活动、校内教育与校外教育等各种教育之间的一体化和融合促进。

---

① 黄荣怀：《智慧教育的三重境界：从环境、模式到体制》，载《现代远程教育研究》，2014(6)。

（4）在知识的基础上，现代教育制度不仅关注知识和技能的学习，更重视思辨，重视辩证观点的形成。

（5）在文化价值观上，现代教育制度主张尊重人的个性和自主的独立选择，强调学习者的自我发展与成长。

（6）在教育的定义上，现代教育制度将教育定义为促进与实现学习者个人持续发展的过程。

（7）在筛选功能上，现代教育制度认为未成熟期的一次选择是毫无益处的，应充分发挥人的内在潜质。

（8）在学习空间上，现代教育制度将教育扩展到家庭、社区、职业岗位等多种多样的环境中。

（9）在预设性上，现代教育制度允许个人自主选择教育机会，充分强调适配性。

（10）在施教者上，现代教育制度认为施教者可以根据需求、情境和时间由社会整体提供，更加多元化。

总之，在国家教育制度的层面，智慧教育聚焦于教育实践中存在的现实问题，能够放眼全球，汲取和借鉴国际先进经验，通过制定科学且合理的教育制度来提高人才培养质量，促进教育的创新与变革，孕育人类智慧，促进世界公平与和谐发展。

要推动智慧教育的发展，需明确智能技术需要解决的核心问题和解决这些问题的基本策略，即智慧学习环境的基本计算问题和计算机制。

7.3.2　智慧学习环境的计算框架

研究教育首先要回答"学什么"、"怎么学"和"在哪儿学"三个基本问题。"学什么"关注人才培养目标和学习内容，需要适应学习者的认知特点；"怎么学"关注教与学的方式，需要分析课堂教学行为；而"在哪儿学"关注学习环境和学习情境。相应地，智能教育的教学支持与服务的计算问题着重从计算的视角重新思考人类教育发展的认知过程、教学行为、学习环境等问题。因此，支撑智能教育需要关注三个基本计算问题，即认知过程计算、教学行为计算和学习环境计算，进一步回答学习过程能否建模和模拟、智能导师能否像人类教师一样思考，以及尝试将人类的教育经验转化为智能系统并形成未来"教育脑"。

智慧学习引擎是为了实现智慧学习环境的上述功能，处理基本计算问题的计算框架。智慧学习引擎能够跟踪学习者的学习过程，给出个性化的反馈，如个性化学习路径规划、学习资源推送、教学策略优化等。

为了实现这些功能，智慧学习引擎需要定义标准化的输入输出，通过开放的计算和推理方法，实现与不同的教学系统、教学资源、教学工具的集成。智慧学习引擎根据标准化的输入，经过计算和推理，产生标准化的输出。其框架和构成要素如图 7-4 所示。

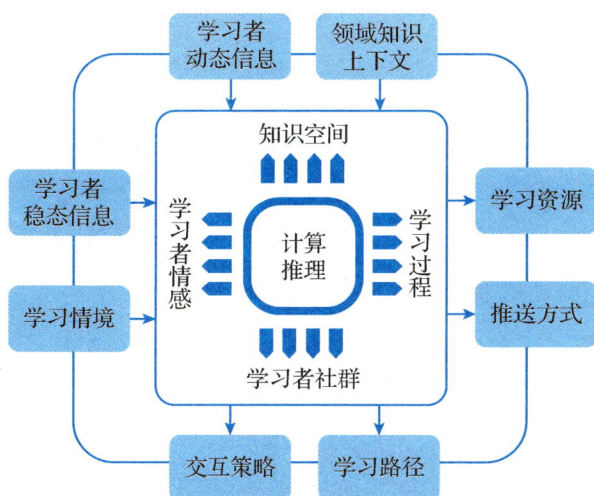

图 7-4 智慧学习引擎的框架和构成要素

　　输入信息包括学习者稳态信息、学习者动态信息、学习情境、领域知识上下文等。学习者稳态信息指相对稳定的学习者信息，包括学习偏好、认知特征、学习风格等。学习者动态信息指随学习者的学习活动而动态变化的信息，包括知识水平、知识结构、情感状态、注意力状态等。领域知识上下文指学习的领域知识。学习情境指学习活动的综合描述，包括学习时间、学习地点、学习伙伴和学习活动等。

　　输出包括交互策略、学习路径、学习资源和推送方式等。交互策略指选择合适的教学方法，如讲授法、讨论法等。学习路径指学习者为达成学习目标需要学习一系列有先后次序的内容。学习资源指学习者在学习过程中可用于学习的信息、资料、设备和技术等。推送方式指综合其他要素，选择适合学习者在特定学习情境下的学习资源推送给学习者。

　　计算和推理采取数学模型和方法对输入进行加工，生成合适的输出，即通过计算和推理适应学习者特征和学习情境，提高学习效率，支持学习者有效学习。

　　从功能上划分，智慧学习引擎有四个主要功能模块，即感知(Sensing)、识别(Identifying)、计算(Computing)和部署(Deploying)。

1) 感知模块。智慧学习引擎能够访问数据仓库(在线学习平台、学生管理平台、学生生活平台等)、环境传感器(声光电、温度、空气等)、可穿戴设备(智能手表、智能手环、脑电仪、眼动仪等)等数据源，形成多维度多模态数据，如学习环境数据(声光电、温度、空气等)、学习过程数据(心率、资源访问、学习绩效、教学交互等)、社会文化数据(文化背景、地域特征、生活状态等)等。

2) 识别模块。智慧学习引擎能够根据感知的多维多模态数据，识别学习者的个体特征(学习偏好、认知特征、学习风格等)、学习者的学习状态(知识水平、情感状态、注意力状态等)、学习情境(学习时间、学习地点、学习伙伴、学习活动等)和领域知识。

3) 计算模块。对识别出的学习者特征，进一步进行计算和推理，预测学习者的行为，得出最优的学习过程和学习路径。计算模块可以计算出学习者需要什么样的资源，并计算出合适的学习方式。因此，计算模块可以根据识别模块的结果，对用户的情感数据进行建模，构建完整的结构来描述各个领域的知识，为各学

习者提供学习的优化策略，连接来自学习社群的
数据。

4）部署模块。部署模块根据学生和教师的普遍问题和个
人需求，自动为学生和教师部署最合适的策略、资源
和工具。该模块以激发学生的学习积极性，提高学习
动机和提升学习效果为目的，调配适当的资源和工
具，满足用户的个性化特征，为学生和教师提供个性
化的、自适应的支持。

7.4　面向未来教育设计需要关注的若干问题

学习目标

能够举例说明可以从哪些角度设计面向未来的教育。

　　对于如何逐步建构和实现面向未来的教育，世界各
国的专家学者和机构提供了多样的设想和建议。其中，
联合国教科文组织在报告《共同重新构想我们的未来：
一种新的教育社会契约》(Reimagining Our Futures To-
gether：A New Social Contract for Education)中展望了
2050 年的教育，认为"教育可以被视为一种社会契
约——一种社会成员间为了共享的利益而合作达成的默
示协议"。这一契约源于一种共享愿景，即教育具有公
共目的。新的教育社会契约，必须能够将人类联合起
来，通过集体努力，提供所需的知识和创新，帮助我们
塑造面向所有人的可持续和和平的未来，维护社会、经
济和环境正义。新的教育社会契约需要我们以不同的方
式思考学习，以及学生、教师、知识和世界之间的关

系。新的教育社会契约强调生态、跨文化和跨学科学习，支持学生获取和生产知识，同时培养他们批判和应用知识的能力；重新构想学校，以推动世界更好地向更加公正、公平和可持续的未来转型；保证人类享有终身教育，并扩大其在不同文化和社会空间中接受教育的机会。

为了推进未来教育的发展，联合国教科文组织在2030年可持续发展议程中提供了许多必要的路径和准则，要确保全纳、公平的优质教育，使所有人都可以获得终身学习的机会。2020年，联合国教科文组织成立的国际21世纪教育委员会发布了《后疫情时期的世界教育：公共行动的九项主张》，目的也是推进未来教育的发展①：

1）强化教育作为公共利益的属性。

2）拓展受教育权内涵，促进教育资源共享。

3）重视教学的专业性，加强教师之间的协作。

4）保障儿童权利，鼓励学生参与未来教育发展规划。

5）加强学校的社会功能，保护学校的社会空间。

6）向师生提供免费、开放的教育资源和技术支持。

7）加强科学素养教育。

8）保障国内和国际公共教育经费。

---

① International Commission on the Futures of Education，Education in a Post-COVID World：Nine Ideas for Public Action，United Nations Educational，Scientific and Cultural Organization，2020.

9）推动全球合作，缩小教育差距并最终消除不平等。

　　分析上述"公共行动的九项主张"可以发现，它们与前文所述的智慧教育系统框架有一定的一致性，共同为我们系统地思考和设计未来教育提供参照框架(图 7-5)。

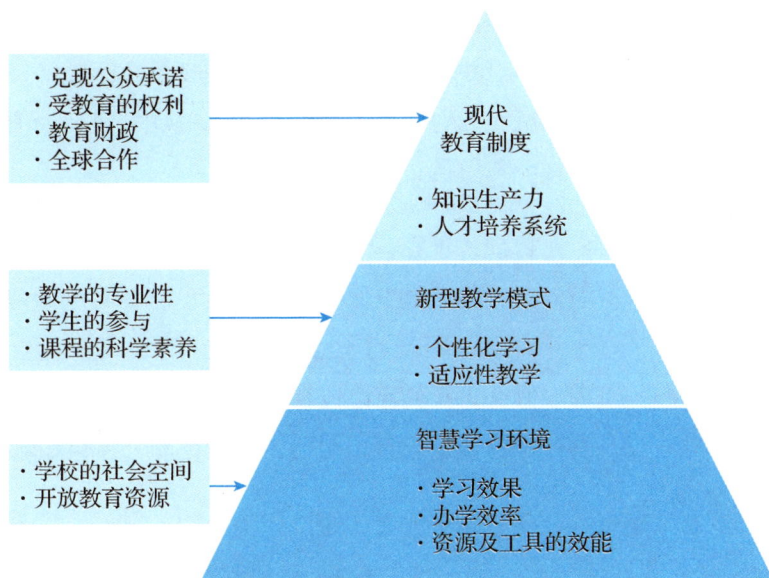

图 7-5　智慧教育系统与"公共行动的九项主张"

　　对于未来教育的设计，可以在面向智能时代的未来教育大背景下，从多个议题入手。北京师范大学于 2018 年开始启动的全球未来教育设计大赛，在这方面做了一些探索。在联合国教科文组织"教育的未来"倡议之下，大赛邀请世界各地的大学生和中小学教师共同开展教育设计，应用设计思维和新兴技术解决未来教育的各种难题和挑战。大赛每年设置一些议题作为设计参考，包括全纳教育、人工智能与教育、元宇宙与教育、农村教育、危机下的教育、个性化教育，等等。在这些主题类别下，已有一系列具体的项目和作品可以为设计面向未来的教育提供具体参考。

(1)全纳教育

联合国教科文组织于 1994 年在西班牙萨拉曼卡举行了"世界特殊需求教育会议：机会和质量"会议，在会上首次提出全纳教育的概念。根据联合国教科文组织的说法，全纳教育指的是通过增加学习、文化与社区参与，减少教育系统内外的排斥，关注并满足所有学习者多样化需求的过程。

目前，世界各地仍然有不少人群被排除在学校教育之外，尤其是有身体残疾的学生、有各种健康障碍的学生、有学习困难的学生、遭受性别歧视的妇女和女童等。因此，我们可以设计有效的解决方案，让所有特殊群体都能接受教育，帮助实现教育的公平性和包容性。

该主题下的代表性设计项目：

《星星帮——孤独症康复训练辅助助手》(2018 课程作品)：这是一款针对孤独症儿童康复辅助训练的 App，目的在于将规范的孤独症康复训练的疗法分解为教学方案，从而使训练步骤更加可视化、可操作化，使学习更加便捷有效。

《gogo——专为 6～12 岁视障儿童设计的智能学伴机器人》(2020 年大赛银奖作品)：这是一款为 6～12 岁视障儿童提供的智能眼镜。该眼镜集成了 OLED 屏幕放大、图像识别、语音合成和其他技术，以准确识别科学学习材料中的复杂公式、图形和图像；同时，利用

OLED 屏幕放大技术为弱视儿童服务，利用语音广播为全盲儿童服务。

《All-See——全视学习眼镜》（2020 年大赛银奖作品）：这是一个为视障儿童提供无障碍包容性教室的解决方案，帮助他们解决视力低下带来的不便。本方案以物联网技术为核心，以人工智能识别技术、眼动技术为主要技术支撑，旨在解决视障儿童在课堂上可能面临的主要困难，包括看不见黑板和书本、书写困难、难以与老师沟通、难以识别其他学生的面孔等。

《新阅——基于阅读障碍症的自适应阅读 App》（2020 年大赛优秀奖作品）：这是一款面向 6～12 岁发展性阅读障碍儿童的自适应阅读 App，其核心目的在于帮助这类儿童矫正阅读障碍行为，提升阅读能力。其核心功能包括测试与识别、阅读与工具、监控与计划、阅读社区等。

《眺望工作室——多模态盲童绘本阅读事业关怀者》（2021 年大赛铜奖作品）：这是一个为 3～12 岁盲童设计的绘本阅读器。通过基于多通道技术的与无线立体声耳机相关的传输函数技术、环境噪声消除技术，以及基于微流控技术、力反馈技术和磁运动跟踪系统的触觉手套，为盲童创造一个阅读体验空间，促进盲童在沉浸式故事体验中的社会和情感发展。

(2) 人工智能与教育

人工智能可以推动新一轮的教育数字化升级和智能化转型，尤其是人工智能将在智慧学习环境、学生自主学习、教师与智能机器协同工作、家校协同等方面带来无限可能。通过设计有创意的解决方案，可让教育变得更智能、更高效。

该主题下的代表性设计项目：

《启发式知识获取解决方案——未来机器人》（2018年大赛作品）：这是一个解决教师与儿童沟通交流问题的设计方案，通过提问的方式引导儿童积极思考。该方案遵循关于好问题的一系列标准：有效性、开放性、批判性、创新性与持续性；建立了"问题池"，存储了经过大数据分析识别的好问题，同时还通过云端产生了无穷个小的问题池，每一个小池子都对应一个儿童。机器人会识别并根据所陪伴的儿童的性格以及喜好的不同，来定制大、小池子中的问题。同时，所有的问题池子也会在迭代中不断更新，真正实现个性化学习，对儿童思维的发展、学习能力的提升发挥积极的作用。

《智慧书房》（2019年课程作品）：这是一款关于私人学习空间的产品，可帮助目标学习者在家庭学习过程中提高学习效果，形成规律的作息时间。

《Be Safe——一款防止欺凌的智能手表及移动应用》（2019年大赛银奖作品）：这是一款移动应用程序。该应用程序可以连接到名为 BeSafe 的智能手表上，手表带有心脏监视器和语音检测器。当戴这款手表的孩子被欺负时，麦克风将自动开始录音，并依据孩子所处的位置，将孩子的定位发送给管理部门或孩子的父母。

《借助人工智能技术针对资源贫乏地区学生的心理
疏导模型设计》（2021 年大赛作品）：这是一个心理疏导
模型，尝试借助现代技术，让资源贫乏地区的学生也能
得到较为科学、及时、有效的心理呵护。

"Usage of AI technology for students behavior anal-
ysis inside classroom"（2022 年大赛作品）：这是一个检
测学生课堂行为的设计方案，把人工智能摄像头（AI
Cameras）技术应用于教育，通过对视频分析技术进行适
当的规范和微调，检测学生的课堂行为，通过对每堂课
的学生行为进行自动化评估，助力教师优化不同学生的
学习表现。

（3）元宇宙与教育

教育元宇宙是利用 VR/AR/MR、数字孪生、5G、
人工智能、区块链等新兴信息技术塑造的虚实融合教育
环境，是虚拟与现实全面交织、人类与机器全面联结、
学校与社会全面互动的智慧教育环境高阶形态。[①] 通过
设计解决方案，可让教师和学生在超越现实物理世界的
智慧学习空间，获得更丰富的学习体验。

该主题下的代表性项目：

"The empowered teacher for the META future"
（2022 年大赛作品）：这是一个虚拟现实学习场景，通过
制订元宇宙学习计划，为教师设计培训情境，让教师从
中受益，进而助力学生发展。

---

① 刘革平、高楠、胡翰林等：《教育元宇宙：特征、机理及应用场景》，载《开放教育研究》，2022(1)。

《基于元宇宙的阅读社区》(2022年大赛作品)：这是一个元宇宙阅读社区，致力于构建以在线阅读教学平台、元宇宙虚拟图书馆、学分银行等为核心功能的元宇宙阅读社区。

《元宇宙种植园——依托元宇宙的自然教育》(2022年大赛作品)：这是一个元宇宙种植园，以"种菜"为核心，同时包含对常见植物种植等内容的体验学习，可以呈现在元宇宙种菜的各项流程图、成果示意图、任务系统与成就系统、知识图谱等内容中。

《EAGER TO SURVIVE——基于元宇宙的生存与安全教育》(2022年大赛作品)：这是一款虚拟现实场景设计游戏，利用元宇宙虚拟性、数字化以及与现实世界交互的特点，模拟传统生存与安全教育中难以实现的各种情景。学生需在分析整合预警信息后，通过团队合作的形式，在面临各种随机出现的危险时，完成挑战。

《"元宇宙＋教育"视域下的混合现实高中美术教室场景设计》(2022年大赛作品)：这是一个元宇宙高中美术教室设计方案，通过课程分类，搭建一个在现实高中美术教室场景中，学生戴上VR眼镜进入元宇宙世界的虚拟高中美术教室。通过"现实教室＋虚拟教室"的构想，提高学生学习效率，帮助他们更好地寻找到个人的兴趣点与方向，提高学生的学习能力，帮助学生全面成长。

（4）农村教育

农村地区的教育事业发展与当地的经济发展息息相关。优质教育资源短缺、师资力量薄弱、留守儿童心理健康、家校距离太远等问题仍然是全球农村地区和欠发达地区面临的问题。可以设计有效的解决方案，充分利用技术的优势和农村的自身优势来推动农村教育的发展。

该主题下的代表性项目：

《青云教室——农村青年学习互助平台》（2020 年大赛铜奖作品）：这是一个面向农村青年的学习平台，以人性化、游戏化的方式设计提供更准确高效的学习服务，增强用户黏性，通过积分兑换物质奖励和提供同伴互助来激发农村青年的学习热情，提升学习效果。

《"教与享"大学生暑期支教智慧共享平台》（2020 年大赛导师提名奖作品）：这是一个为大学生设计的支教共享平台。平台采用"AI＋教育"的方式，为每一个心怀教育的大学生推荐适合自己的支教学校，并通过相关算法将受教地区特色与大学生个人特长相结合，为大学生支教志愿者规划专属自己的支教课程与备课路径。

《艺伴——一款针对乡村中小学生的艺术学习智能手机软件》（2020 年大赛优秀奖作品）：这是一款艺术教育 App。该 App 主要包括艺术教室、艺小伴、精灵之家三个功能模块。艺术教室是 VR 虚拟艺术教室，包括"舞蹈室"、"乐器室"、"美术室"、"小剧场"和"声音走廊"，学生在其中可以虚拟创作艺术作品。艺小伴是 AI 机器人，可与学生互动，并按照指令播放艺术作品。在精灵之家，学生可利用课程学习、艺术创作、分享点赞获得金币，为自身"精灵"购置服装、家具等装备，为精灵升级。

《X空间——农村学生的设计思维教育空间》(2021年大赛金奖作品)：这是一款开发农村学生设计思维的产品，由体验区、探索区、展示区三大功能区构成。产品包含两种基本模式：运输模式时，X空间为房车形态，可搭载材料开往乡村学校或广场；展开模式时，X空间会从车厢处展开，下放升降式阶梯，形成一个方形的露天活动空间。

(5)危机下的教育

面对一些突发情况(如自然灾害、气候变化、疫情等)，学习可能会被迫中断，一些学生也将面临长时间无法回到校园的困境。为了应对这样的挑战，我们可以设计有效的解决方案确保每个人都能在充满不确定性的情况下接受远程教育，使学习继续进行，实现教育的公平性和可持续性。

该主题下的代表性项目：

《未来直播课堂》(2020年课程作品)：这是一个专注于交互方式创新的直播平台，通过融合学习活动各要素提高直播课堂趣味性，使高校学生在直播课堂中的学习更加有趣。

《SCE服务设计项目——重大灾害下的新型教育服务设计》(2021年大赛优秀奖作品)：这是一款面向学生

的应急教育服务设计。主要功能包括灾害后的教育活动、灾害中的救援、灾害后的情绪抚慰，是一次"科技畅想＋灾后教育"尝试。

"Online learning with 3D classroom——3DH Project for Preschool children"（2021 年大赛作品）：这是一个面向 3～6 岁学龄前儿童的网络课堂设计方案。为了解决学生在网络课堂中更容易出现的分心问题，提出以"3D 全息投影技术"为核心支撑，通过 3D 全息投影技术，360°生动地给 3～6 岁学龄前儿童展示相关知识。

(6)个性化教育

学生在性格、学习风格、记忆能力等方面存在个体差异，这种差异会导致不同的学习行为和效果。我们可以设计有效的解决方案，根据学生特点提供个性化教学服务，满足学习者的多样化需求。

该主题下的代表性项目：

《TOOLKIT——课堂练习反馈器》（2018 年课程作品）：这是一个即时的课堂练习反馈系统，包含教师端 App 和家长（学生）端小程序。在课堂练习的即时反馈上，通过人脸识别技术与手势识别技术实现快速识别学生人脸、手势和答题情况，并在后端数据中，实现对这些数据的实时记录。

《心说——解决"语言暴力"问题，开创家庭沟通新方式》（2019 年大赛中国区铜奖）：这是一款旨在开创家庭沟通新方式的产品。产品主要有以下三个功能：一是家长或孩子语言使用不当时，App 会收集信息，并将其以可视化的方式呈现给用户；二是根据用户使用情况，推荐个性化的教育资源；三是家长可以在软件中录音并发送给孩子，孩子可以自主选择卡通人物形象和声音，生成风趣幽默的卡通人物说话情景。

"IOT solution：Mooc recommender system"（2021年大赛银奖作品）：这是一个具有用户界面的智能代理设计方案，可以自动、智能地生成满足个人需求、能力和目标的信息列表。这些信息包括帮助学员首次尝试登录、计划任务、建议资源、寻找领导者、指导方针、小组活动监控、管理冲突等，以增强学习者的体验，并通过推荐不同的学习方向和个性化学习路径帮助他们实现积极的学习效果。

小　结

未来教育在知识、学习、课程、教学等方面都会有新的变化。在以学习者为中心的理念指导和新技术的支持下，未来教育在教学层面的主要特征是弹性教学和主动学习。智慧教育作为未来教育的典型形态之一，将从智慧学习环境、新型教学模式、现代教育制度等层面为未来教育的设计提供启发。

> **练　习**
>
> 请参考智慧教育的三个层次（智慧学习环境、新型教学模式、现代教育制度），结合所提供的设计项目和例子，描述你对未来教育的设计思路。

主要参考文献

第 1 章

1. 黄荣怀 . 论科技与教育的系统性融合 . 中国远程教育，2022(7).

2. 冯昭奎 . 科技革命发生了几次——学习习近平主席关于"新一轮科技革命"的论述 . 世界经济与政治，2017(2).

3. 习近平 . 让工程科技造福人类、创造未来——在 2014 年国际工程科技大会上的主旨演讲 . 人民日报，2014-06-04.

4. 中共中央文献研究室 . 习近平关于科技创新论述摘编 . 北京：中央文献出版社，2016.

5. OECD. (2017). OECD Science，Technology and Industry Scoreboard 2017：The Digital Transformation. Paris：OECD Publishing.

6. 尤肖虎，潘志文，高西奇等 . 5G 移动通信发展趋势与若干关键技术 . 中国科学：信息科学，2014(5).

7. 赵亚军，郁光辉，徐汉青 . 6G 移动通信网络：愿景、挑战与关键技术 . 中国科学：信息科学，2019(8).

8. 李国杰，程学旗 . 大数据研究：未来科技及经济社会发展的重大战略领域——大数据的研究现状与科学思考 . 中国科学院院刊，2012(6).

9. 罗军舟，金嘉晖，宋爱波等 . 云计算：体系架构与关键技术 . 通信学报，2011(7).

10. 袁勇，王飞跃 . 区块链技术发展现状与展望 . 自动化学报，2016(4).

11. OECD. (2019). Measuring the Digital Transformation：A Roadmap for the Future. Paris：OECD Publishing.

12. 杨进 . 工业 4.0 对工作世界的影响和教育变革的呼唤 . 教育研究，2020(2).

13. 潘云鹤 . 人工智能 2.0 与教育的发展 . 中国远程教育，2018(5).

14. OECD. (2019). OECD Skills Outlook 2019：Thriving in a Digital World. Paris：OECD Publishing.

15. World Economic Forum. (2020). The Future of Jobs Report 2020. WEF Report.

16. 何克抗. 论现代教育技术与教育深化改革（上）——关于 ME 命题的论证. 电化教育研究，1999(1).

17. OECD. (2018). The Future of Education and Skills：Education 2030. OECD Report.

18. 刘德建，杜静，姜男等. 人工智能融入学校教育的发展趋势. 开放教育研究，2018(4).

19. UNESCO. (2019). Artificial Intelligence in Education：Challenges and Opportunities for Sustainable Development.

20. UNESCO. (2019). Beijing Consensus on Artificial Intelligence and Education.

第2章

1. 陈鹏. 中学生设计素养研究：内涵、要素及培养策略. 北京：北京师范大学，2019.

2. 林琳，沈书生. 设计思维的概念内涵与培养策略. 现代远程教育研究，2016(6).

3. 闫寒冰，郑东芳，李笑樱. 设计思维：创客教育不可或缺的使能方法论. 电化教育研究，2017(6).

4. T. Brown. (2008). Design Thinking. Harvard Business Review，86(6)，84-92.

5. T. Brown. (2009). Change by Design：How Design Thinking Transforms Organizations and Inspires Innovation. New York：Harper Collins.

6. 陈鹏，黄荣怀. 设计思维带来什么？——基于 2000—2018 年 WOS 核心数据库相关文献分析. 现代远程教育研究，2019(6).

7. Plattner H.，Meinel C.，Leifer L.（Eds.）.（2010）.Design Thinking：Understand-Improve-Apply. Berlin Heidelberg：Springer-Verlag.

8. Design Thinking in Schools（K-12）.［2023-08-07］.Retrieved. https：//www. designthinkinginschools. com.

第 3 章

1. 田凌，童秉枢.网络化产品协同设计的理论与实践.计算机工程与应用，2002(5).

2. Ye，Y.，Fischer，G.（2007）.Designing for Participation in Socio-Technical Software Systems. Universal Acess in Human Computer Interaction. Coping with Diversity.

3. 张广兵.参与式教学设计：教学设计新趋向.教学与管理，2010(25).

4. Victor Papanek（1972）.Design for the Real World：Human E-cology and Social Change，Chicago：Pantheon Book.

5. 谭婷婷，蔡淑琴，胡慕海.众包国外研究现状.武汉理工大学学报(信息与管理工程版)，2011(2).

第 4 章

1. Huang R.，Spector J. M.，Yang J.（2019）.Educational Technology：A Primer for the 21st Century. Singapore：Springer.

2. Puntambekar S.，Kolodner J. L.（2005）.Toward Implementing Distributed Scaffolding：Helping Students Learn Science from Design. Journal of Research in Science Teaching，42（2），185-217.

3. Backwards Thinking Explained.［2023-10-20］.https：//www. designbasedlearning. org/in-depth/backwards-thinking-ex-

plained.

4. 李美凤，孙玉杰．国外"设计型学习"研究与应用综述．现代教育技术，2015(7).

5. Kolodner J. L. (2002). Facilitating the Learning of Design Practices：Lessons Learned from an Inquiry into Science Education. Journal of Industrial Teacher Education，39(3)，9-40.

6. Kolodner J. L. (2002). Learning by Design™：Iterations of Design Challenges for Better Learning of Science Skills. Cognitive Studies，9(3)，338-350.

7. Apedoe X. S.，Reynolds B.，Ellefson，M. R.，et al. (2008). Bringing Engineering Design into High School Science Classrooms：The Heating/Cooling Unit. Journal of Science Education and Technology，17(5)，454-465.

8. Fortus D.，Dershimer R. C.，Krajcik，J.，et al. (2004). Design-Based Science and Student Learning. Journal of Research in Science Teaching，41(10)，1081-1110.

9. Brown A. L. (1992). Design Experiments：Theoretical and Methodological Challenges in Creating Complex Interventions in Classroom Settings. Journal of the Learning Sciences，2(2)，141-178.

10. Design-Based Research Collective (2003). Design-Based Research：An Emerging Paradigm for Educational Inquiry. Educational Researcher，32(1)，5-8.

11. 吕林海．论基于设计的研究的主旨、特征及案例简析．教育科学，2007(5).

第 5 章

1. 郑太年，马小强．学习环境的设计——对话 Michael F. Hannafin 教授．中国电化教育，2010 (2).

2. 陈琦，张建伟．信息时代的整合性学习模型——信息技术整合于教学的生态观诠释．北京大学教育评论，2003(3)．

3. 钟志贤．论学习环境设计．电化教育研究，2005(7)．

4. 庄榕霞，方海光，张颖等．城市典型场域学习环境的发展特征分析．电化教育研究，2017(2)．

5. 黄荣怀，杨俊锋，胡永斌．从数字学习环境到智慧学习环境——学习环境的变革与趋势．开放教育研究，2012(1)．

6. Strain P. S.，McConnell S. R.，Carta J. J.，et al. (1992). Behaviorism in Early Intervention. Topics in Early Childhood Special Education，12(1)，121-141.

7. 莫雷．教育心理学．北京：教育科学出版社，2007.

8. 邹晓燕，林炎琴，王文芳．维果茨基对西方发展与教育心理学的影响述评．全球教育展望，2001(10)．

9. Baars S.，Schelling G. L. M.，Krishnamurthy S.，et al. (2021). A Framework for Exploration of Relationship Between the Psychosocial and Physical Learning Environment. Learning Environments Research，24(1)，43-69.

10. Weinstein C. S. (1979). The Physical Environment of the School：A Review of the Research. Review of Educational Research，49(4)，577-610.

11. 曹培杰．未来学校变革：国际经验与案例研究．电化教育研究，2018(11)．

12. Reinius H.，Tiina K.，Kai H. (2021). The Design of Learning Spaces Matters：Perceived Impact of the Deskless School on Learning and Teaching. Learning Environments Research，24(3)，339-354.

13. Huang R.，Spector J. M.，Yang J. (2019). Educational Technology：A Primer for the 21st Century. Singapore：Springer.

14. Kenn Fisher. Linking Pedagogy and Space. ［2023-10-17］.

https：//docslib. org/doc/11409897/linking-pedagogy-and-space.

15. Radcliffe D. （2009）. A Pedagogy-Space-Technology （PST） Framework for Designing and Evaluating Learning Places. In Next Generation Learning Spaces Colloquium，The University of Queensland，Brisbane，11-16.

16. 华乃斯，梅洪元. 知识创新时代世界一流大学校园空间设计研究. 当代建筑，2021(8).

17. 杨俊锋，黄荣怀，刘斌. 国外学习空间研究述评. 中国电化教育，2013(6).

18. 杨俊锋. 面向数字一代学习者的智慧教室设计与评价. 北京：中国社会科学出版社，2017.

19. Adedokun O. A.，Parker L. C.，Henke J. N.，et al. （2017）. Student Perceptions of a 21st Century Learning Space. Journal of Learning Spaces ，6(1)，1-13.

20. Kokotsaki D.，Menzies V.，Wiggins A. （2016）. Project-Based Learning：A Review of the Literature. Improving Schools，19 （3），267-277.

21. Krajcik J. S.，Blumenfeld P. （2006）. Project-Based Learning. In the Cambridge Handbook of the Learning Sciences，Edited by：Sawyer R. K. New York：Cambridge，317-334.

22. Wu H. K.，Hsieh C. E. （2006）. Developing Sixth Graders' Inquiry Skills to Construct Explanations in Inquiry-Based Learning Environments. International Journal of Science Education，28(11)，1289-1313.

23. 张雪，罗恒，李文昊等. 基于虚拟现实技术的探究式学习环境设计与效果研究——以儿童交通安全教育为例. 电化教育研究，2020(1).

24. Pedaste M.，Mäeots M.，Siiman L. A.，et al. （2015）. Phases

of Inquiry-Based Learning：Definitions and the Inquiry Cycle. Educational Research Review，14(1)，47-61.

25. 黄荣怀，王晓晨，李玉顺．面向移动学习的学习活动设计框架．远程教育杂志，2009(1)．

26. 黄荣怀，张振虹，陈庚等．网上学习：学习真的发生了吗？——跨文化背景下中英网上学习的比较研究，开放教育研究，2007(6)．

27. Yeoman P.，Wilson S.(2019). Designing for Situated Learning：Understanding the Relations Between Material Properties，Designed Form and Emergent Learning Activity. British Journal of Educational Technology，50(5)，2090-2108.

28. 贾义敏，詹春青．情境学习：一种新的学习范式．开放教育研究，2011(5)．

29. 王美．情境学习理论及其对博物馆学习设计的启示．自然科学博物馆研究，2021(4)．

30. 刘革平．基于 Second Life 的情境式网络学习系统研究．现代远距离教育，2008(3)．

31. 蔡苏，余胜泉．从 Sloodle 看三维虚拟学习环境的发展趋势．开放教育研究，2010(2)．

32. 黄荣怀，马丁，郑兰琴等．基于混合式学习的课程设计理论．电化教育研究，2009(1)．

33. Xiao J.，Sun-Lin H.-Z.，Cheng H.-C.(2019). A Frameworkof Online-Merge-Offline(OMO) Classroom for Open Education：A Preliminary Study，Asian Association of Open Universities Journal，14(2)，134-146.

34. Huang R.，Tlili A.，Wang H.，et al.(2021). Emergence of the Online-Merge-Offline(OMO) Learning Wave in the Post-COVID-19 Era：A Pilot Study. Sustainability，13(6)，3512.

第 6 章

1. 朱永新，杨树兵．创新教育论纲．教育研究，1999(8).

2. 杨现民，李冀红．创客教育的价值潜能及其争议．现代远程教育研究，2015(2).

3. 何克抗．论创客教育与创新教育．教育研究，2016(4).

4. 曾骊，张中秋，刘燕楠．高校创新创业教育服务"双创"战略需要协同发展．教育研究，2017(1).

5. 祝智庭，雒亮．从创客运动到创客教育：培植众创文化．电化教育研究，2015(7).

6. 黄荣怀，刘晓琳．创客教育与学生创新能力培养．现代教育技术，2016(4).

7. Carter D.，Crichton S.，Naghshbandi S.(2015)．Use of Design Thinking as a Disruptive Element in Professional Development for K-9 Educators. The International Journal of Design Management and Professional Practice，9(3)，45-52.

8. 闫寒冰，郑东芳，李笑樱．设计思维：创客教育不可或缺的使能方法论．电化教育研究，2017(6).

9. 谢作如，刘正云，张敬云．数字时代的创造性学习——创客教育实践．石家庄：河北教育出版社，2021.

10. 赵慧臣，陆晓婷．开展 STEAM 教育，提高学生创新能力——访美国 STEAM 教育知名学者格雷特·亚克门教授．开放教育研究，2016(5).

11. Honey M.，Kanter D.(2013).Design Make Play：Growing the Next Generation of STEM Innovators. New York：Routledge.

12. 陈鹏，田阳，黄荣怀．基于设计思维的 STEM 教育创新课程研究及启示——以斯坦福大学 d.loft STEM 课程为例．中国电化教育，2019(8).

13. English L. D.，King D. T.(2015).STEM Learning Through Engineering Design：Fourth-Grade Students' Investigations in

Aerospace. International Journal of STEM Education，2(14)，1-18.

14. 秦瑾若，傅钢善．面向 STEM 教育的设计型学习研究：模式构建与案例分析．电化教育研究，2018(10)．

第 7 章

1. UNESCO.(2020). Learning to Become with the World：Education for Future Survival.

2. 顾明远．互联网时代的未来教育．清华大学教育研究，2017(6)．

3. 钟绍春．人工智能支持智慧学习的方向与途径．中国电化教育，2019(7)．

4. 郑旭东．智慧教育 2.0：教育信息化 2.0 视域下的教育新生态——《教育信息化 2.0 行动计划》解读之二．远程教育杂志，2018(4)．

5. 黄荣怀，汪燕，王欢欢等．未来教育之教学新形态：弹性教学与主动学习．现代远程教育研究.2020(3)．

6. Collis B.，Moonen J.，Vingerhoets J.(1997).Flexibility as a Key Construct in European Training：Experiences from the TeleScopia Project in British. Journal of Educational Technology，28(3)，199-217.

7. Prince M.(2004).Does Active Learning Work? A Review of the Research. Journal of Engineering Education，93(3)，223-231.

8. 屈善孝．探析加强大学生自我管理的有效途径．国家教育行政学院学报，2010(3)．

9. 董奇，周勇．论学生学习的自我监控．北京师范大学学报(社会科学版)，1994(1)．

10. 黄荣怀．智慧教育的三重境界：从环境、模式到体制．现代远程教育研究，2014(6)．

11. 祝智庭，韩中美，黄昌勤．教育人工智能(eAI)：人本人工智能的新范式．电化教育研究，2021(1)．

12. 黄荣怀，杨俊锋，胡永斌．从数字学习环境到智慧学习环境——学习环境的变革与趋势．开放教育研究，2012(1)．

13. 黄荣怀，陈庚，张进宝等．论信息化学习方式及其数字资源形态．现代远程教育研究，2010(6)．

14. 王晓晨，张进宝，杜静等．全球教育信息化语境下的教育技术发展预测及应用模式探索——"首届中美智慧教育大会"回顾．电化教育研究，2016(3)．

15. International Commission on the Futures of Education. (2020). Education in a Post-COVID World：Nine Ideas for Public Action. United Nations Educational，Scientific and Cultural Organization.

16. 刘革平，高楠，胡翰林等．教育元宇宙：特征、机理及应用场景．开放教育研究，2022(1)．